JN162283

片山正通教授の

「未来」の「仕事」のつくり方

片山正通

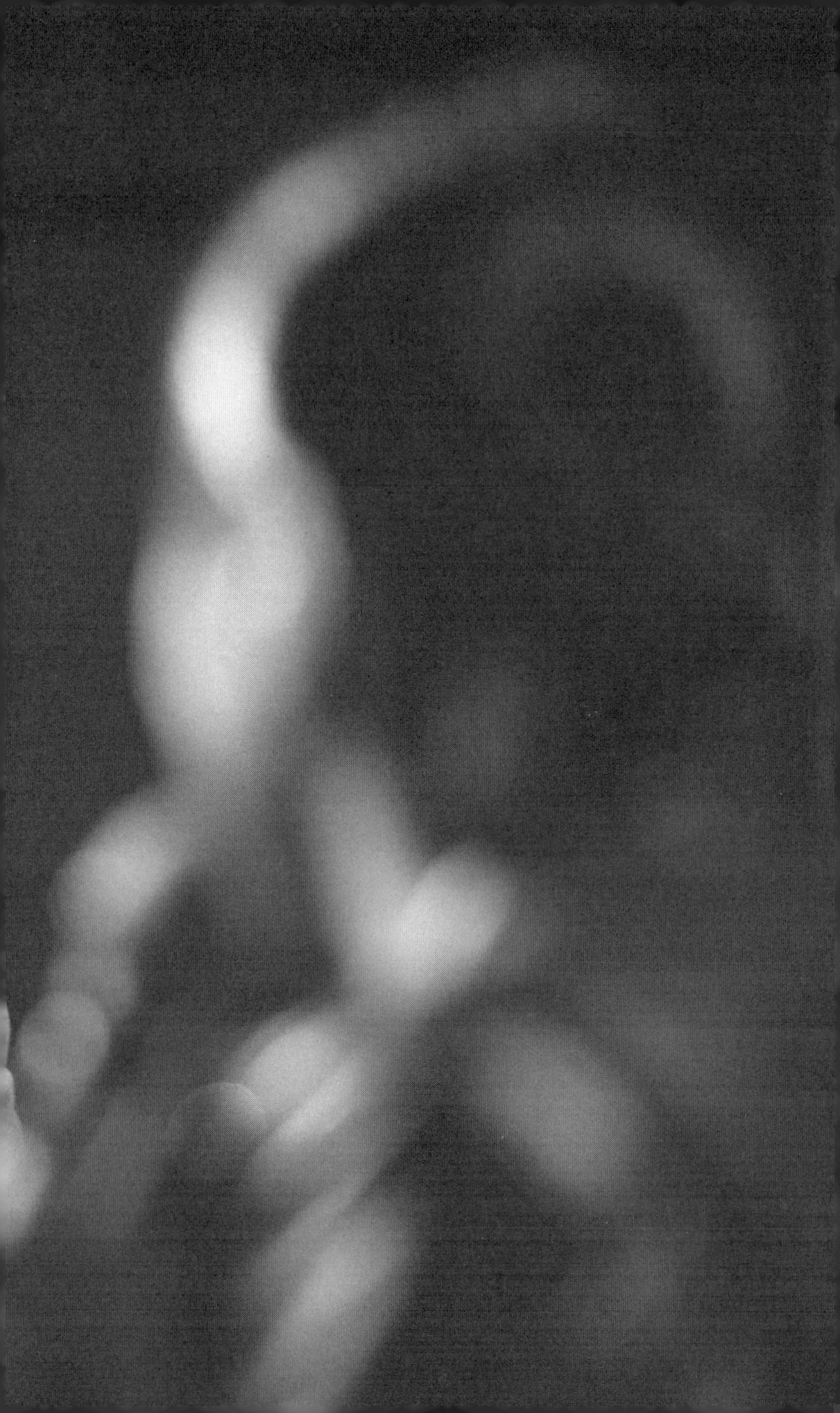

この本を手にとってくれたみなさんへ

こんにちは、片山正通です。この本は、2011年から武蔵野美術大学で不定期開催している特別講義「instigator」の、3冊目の講義録です。

「僕がいま大学生だとして、誰のどんな話を聞いたら、これからの人生が有意義な時間になっていくだろう?」

新米教授だった僕のそんな自分への問いかけが、開講のきっかけでした。

〈instigator〉には、〈扇動者〉という意味があります。その言葉の通り、お迎えするゲストは時代を牽引するスターやトップクリエイター。活躍するジャンルも、年齢も、生まれ育った環境もバラバラの彼ら・彼女らが、どんな経験を経て、いまのキャリアを築き上げたのか。どんな考え方が、仕事の軸になっているのか。そんな刺激的な話を学生のうちに聞けたら、きっと人生の宝物になるのではないか。それは、僕自身が聞きたいストーリーでもありました。

そうして様々なジャンルで活躍するゲストをお迎えし、子ども時代から現在、そして未来までのお話を伺う、トークショー形式の特別講義がスタートしたのです。

3冊目の講義録となるこの本には、#011から、#015までの内容を収録。自らの力で「未来」の「仕事」をつくり続けている、次の5組のゲストの方々にお越しいただきました。

アイドルグループももいろクローバーZのメンバーと、マネージャー川上アキラさん。
放送作家であり、プロデューサーであり、京都の料亭の主人でもある小山薫堂さん。
音楽業界のみならず多角的に世界観を広げ続けるEXILE HIROさん。
メディアアートの業界を牽引するアーティスト、ライゾマティクスの真鍋大度さん。
「深夜ドラマ番長」と讃えられ、大ヒット映画を手がける監督でもある大根仁さん。

誰もが知っている豪華なゲストでしょう? でも「instigator」で話してくれたのは、みんなが知っている輝かしい経歴や、サクセスストーリーだけではありません。下積み時代の苦しかった経験や、トップランナーであるがゆえの悩み、その乗り越え方も、リアルに話してくださいました。さらに質疑応答のコーナーでは、学生からの率直な質問に対して、とても近い距離感で、真摯に丁寧に答えてくれています。

結果として、美術大学の講義ではありますが、年齢や職業を問わず「面白い仕事をしたい」と考えるすべての方に、楽しんでいただける内容になったと自負しています。

そんな特別講義の評判を聞きつけて、ゲストと親交の深い方がお忍びで（?）見学に来られる機会も増えました。突然のシークレットゲストの登場に、ゲスト自身が驚くこともしばしば。この本にも、表には名前の出ていないシークレットゲストが何人も登場しています。誰の回にどんなスペシャルゲストが登場しているかは、開催当日に出席した学生と、この本を読んでくれた人だけの秘密です。

「instigator」は、会場の設定のすみずみにもこだわっています。ゲストに座ってもらうソファなどの小道具をはじめ、照明、音響、映像、写真など、空間を構築するすべての要素を、僕が信頼するプロフェッショナルの方々にお願いしました。妥協することなく細部までを演出することが、お越しくださるゲストへの、僕なりのおもてなしであり、学生たちにとっても「妥協しないプロの仕事」を体感してもらう良い機会になると考えたからです。

講義の前後に流れる音楽は、大沢伸一さんが各回のゲストに合わせて様々なジャンルの楽曲をセレクト。さらにオリジナルテーマ曲である『instigator "sentimentale"』も書き下ろしてくださいました。音源は「instigator」公式サイト（http://instigator.jp/）

でも公開していますから、当日の雰囲気をより深く味わいたい方は、各回のラストに掲載しているトラックリストもお見逃しなく。

さて、まえがきはこのくらいにして、さっそく特別講義を始めましょう。

会場は、武蔵野美術大学創立時からある、５００人収容可能な7号館４０１号教室。

いかにも大学らしい雰囲気がある、僕の大好きな場所です。

ぜひ、一緒に講義室に座っている感覚で、ページを開いてみてください。

武蔵野美術大学　空間演出デザイン学科　教授　片山正通

目次

この本を手にとってくれたみなさんへ 004

#011 ももいろクローバーZ 010
+川上アキラ

2014.12.1

ビビる余裕がないっていうか、
突破するしか方法がないんです（笑）。
ブレーキをかける人もいない。
みんなが同じ方向を向いているから、
驚かれるようなことも、意外とスムーズにできる。

#012 小山薫堂 078

2015.4.27

すべては、人と人との関係だと思うんですよ。
どんなアイディアを生み出すかはもちろん大事です。
でも「生み出したアイディアが誰にたどり着くか」
は、もっと重要。

#013 真鍋大度 136

2015.7.2

音楽も数学も得意だったつもりが、
上には上がいるとわかってしまった。
そうなると、すでにある土俵ではなく、
いままで誰もやったことのない部分で
勝負するしかないな、と。

#014 EXILE HIRO 200

2015.11.17

メンバーひとりひとりの夢をサポートして、
みんながEXILEという場所で輝けるように。
そう考えると、自然にやらなきゃいけない
答えが見えてきます。

#015 大根 仁 270

2016.4.18

運営側も出演者も観客も対等で、
みんな「自分がいちばん楽しい!」と思ってる。
そんなロックフェスみたいな仕事をしたいって、
考えるようになったんです。

この本を読んでくれたみなさんへ 328

スタッフリスト 332

各章末に記載のあるMusic for instigator トラックリストは、「instigator」の音楽を担当する大沢伸一が、ゲストに合わせて毎回選曲しています。

大沢伸一(Shinichi Osawa)

音楽家、DJ、プロデューサー、選曲家。主な活動はMONDO GROSSO、Thousand Tears Orchestra、LNOL。リミックスワークを含むプロデュースワークでBOYS NOIZE、BENNY BENASSI、ALEX GOHER、安室奈美恵、JUJU、山下智久などを手がけるほか、広告音楽、空間音楽やサウンドトラックの制作、アナログレコードにフォーカスしたミュージックバーをプロデュースするなど幅広く活躍。
http://www.shinichi-osawa.com

instigator official site: http://instigator.jp
オフィシャルサイトでは、イベント情報、ダイジェスト映像のほか、Music for instigatorのトラックリストをお楽しみいただけます。

ももいろクローバーZ
+
川上アキラ
instigator
12.1 Mon.

#011

Momoiro Clover Z + Akira Kawakami

ももいろクローバーZ
+川上アキラ

ももいろクローバーZ

百田夏菜子、玉井詩織、佐々木彩夏、有安杏果、高城れにの5人によるガールズユニット。「ももいろクローバー」として2008年春に結成、ストリートライブを出発点に活動を開始。2009年8月に「いま、会えるアイドル」というキャッチフレーズのもとシングル『ももいろパンチ』でインディーズデビュー。2010年5月に『行くぜっ! 怪盗少女』でメジャーデビュー。マスメディアからも注目を集める中でメンバー早見あかりが脱退を表明、6人最後のライブとなる2011年4月の中野サンプラザ公演で、グループ名を「ももいろクローバー」から「ももいろクローバーZ」へ改名する。

川上アキラ

1974年埼玉県出身。1998年スターダストプロモーション入社。結成当時から、ももクロのマネージャー兼プロデューサーを務める。2013年より同社役員。

ビビる余裕がないっていうか、
突破するしか方法がないんです（笑）。
ブレーキをかける人もいない。
みんなが同じ方向を向いているから、
驚かれるようなことも、意外とスムーズにできる。

クビ寸前だった？　ももクロ結成前夜

片山　みなさん、こんにちは。今日は僕も大ファンであるももいろクローバーZのメンバーと、名物マネージャーの川上アキラさんにお越しいただきました。あとでスペシャルなシークレットタイムもありますよ。サイリウムを配ったよね？　タイミングが来たら合図をしますから、まだ折らないように。……ってすでにピカピカさせてる人もいるけど（笑）、まあそれはそれでいいでしょう。持ってない人は近場のスタッフに声を掛けてね。大丈夫かな？　では会場にお迎えしましょう。ももいろクローバーZのみなさん、そして川上アキラさん、どうぞ！

（高城れにさんが元気よく会場に飛び込んでくる。続いて佐々木彩夏さん、百田夏菜子さん、玉井詩織さん、有安杏果さん、川上アキラさんの順に登場し、全員整列）

片山　ももクロのみなさん、どうですか、武蔵美は。夏菜子ちゃんは前に、映画のロケで来てくれたよね。

百田夏菜子（以下、**百田**）はい。初めて大学という施設に入ったのが武蔵美でした。最初の印象は、ただもう、広いなあって。

佐々木彩夏（以下、**佐々木**）さっき構内を見学させてもらって、デザインする部屋とか、専門的なスペースがいろいろあって、すごい楽しそうだなって思いました。
片山　れにちゃんは、武蔵美にお友だちが通ってるんだって？
高城れに（以下、**高城**）　そうなんですよ、高校の同級生がいます。来たのは今日が初めてなんですけど、美大だけあって、いろいろ凝ってますよね？　外の消火栓なんか、青色だったんですよ。
有安杏果（以下、**有安**）　ね、青かった。
高城　この椅子も、なんかおしゃれじゃないですか。
川上アキラ（以下、**川上**）　しゃれてるよねー。
玉井詩織（以下、**玉井**）　おしゃれすぎて座り方わかんないのとかありそう（笑）。
百田　って、ここまで、さっきリハーサルで同じくだりをやりました（笑）。
片山　そうなんです（笑）。
佐々木　言っちゃだめじゃん（笑）。
川上　ちょっとー、そういうの、ホント言わないほうがいいと思うんだけど。
高城　なーんて真面目ぶってるうちのマネージャーのせいで、このおしゃれな椅子が壊れちゃうかもしれないんですけど……。
片山　椅子は丈夫なので、ご心配なさらず（笑）。川上さん、今日は本当にありがとうございます。年末のお忙しい時に。
川上　こちらこそ、こんな機会をいただきまして。
片山　奇跡的ですね。僕ほんと生きててよかったなってしみじみしてます。

川上　いえいえ、思いのほか僕たち暇だもんね。会場のみなさんが知ってくださってるかわからないから、まずはみんな、ご挨拶したらいいんじゃない？
ももいろクローバーZ全員（以下、ももクロ）　はーい！
百田　じゃあ行くよー！　みなさーん、こーんばんはー！
（5人にマイクを向けられて、会場「こんばんはー！」）
百田　私たち、いま、会えるアイドル、
ももクロ　週末ヒロイン、ももいろクローバーZ！（決めポーズ&おじぎ）
川上　わー、たくさんの拍手、ありがたいですねー。
ももクロ　よろしくお願いしまーす！
片山　かわいいよねー。
佐々木　なんですかそのコメントは（笑）。
片山　このイベントってもともと自分のためにやってるようなものなんだけど、今日はもうほんとに隠さず行こうと思ってます（笑）。ではお掛けになってください。水も置いてあるから、好きなタイミングで飲んでね。
ももクロ　はーい。
（右から、川上、高城、玉井、百田、佐々木、有安、片山の順に着席）
百田　水、2本もある。
玉井　ほんとだ、たくさんしゃべっても大丈夫だね。
佐々木　そういえば玉井さん、その前髪どうしたの？

玉井　芸術です（笑）。

川上　ねえ、これだと僕側の列に座っている人、僕の身体でぜんぶ隠れちゃってメンバーが見えないいんじゃない？　大丈夫かな。僕はもっと隅のほうでいいですよ。

片山　大丈夫です、大丈夫ですから（笑）。では始めましょうか。この「instigator」というイベントは、いま世の中に影響を与えているゲストをお呼びして、まさに次世代のインスティゲーターを育成しようという企画です。前回来ていただいたサカナクション[※1]の山口一郎[※2]さんが最年少でしたが、今回、18歳のあーりんが記録更新しました。

佐々木　ありがとうございます！

玉井　あの片山さん、リーダーがいまさら、「インスティゲーターってどういう意味だっけ？」って言ってます。

百田　あっ、そういうの言わないでいいよ、しーっ。

片山　あまり使わない言葉だもんね。「扇動者」って意味なんですよ。時代を引っ張っていく人、新しい価値をつくっていく人、というイメージで、イベントのタイトルにしています。今日は「ももいろクローバーZ」をひとつの人格として、結成前夜からのお話をたっぷり聞いていきたいと思っています。まずはももクロの生みの親ともいえる川上さんが、どうしてスターダストプロモーションという芸能プロダクションに入られたのか、そこから伺っていいですか。

川上　あっ、はい。

佐々木　そういえば聞いたことないね。

※1　サカナクション　2005年、山口一郎（ボーカル、ギター）を中心に結成された5人組ロックバンド。文学性の高い歌詞、郷愁を感じさせるフォーキーなメロディ、クラブミュージックやロックなど、様々な音楽的要素を混在させた独自のスタイルが高く評価されている。

※2　山口一郎（やまぐち・いちろう）　1980年北海道生まれ。2005年にロックバンド「サカナクション」を結成し、2007年にアルバム『GO TO THE FUTURE』でメジャーデビュー。instigator #010 ゲスト（『片山正通教授の「遊ぶ」ように「仕事」をしよう』収録）。

有安　うん。

川上　ええとですね、大学を卒業するにあたり、最初はホームセンターに内定をいただいていたんです。でも若いうちだし、もうちょっと刺激のあることできないかな〜と思って就職情報誌をパラパラ見ていた時、スターダストの募集を見つけて応募して、新卒で入りました。テレビ局でＡＤのバイトなんかもしてたので、もともと芸能関係に興味はあったんです。

片山　川上さんは沢尻エリカ[※3]さんのご担当をかなり長くされていたんですよね？　これは聞いていいのか、ちょっとドキドキしたんですけど。

川上　全然構わないです。彼女が中学生くらいの頃からマネージメントしてました。ももクロのみんなにも会ってもらったことあるんですよ。ユニークな、姉御肌のいい先輩です。

片山　スターダストっていうと、俳優さん女優さんが所属しているイメージが強い芸能事務所です。アイドルグループのプロデュースはももクロが初めてですよね？

川上　アイドルは森尾由美[※4]さんや野々村真[※5]さんが、僕が入った当時にすでにいらしたんですけど。歌って踊って……というグループを正式に売り出したのはももクロが初めてですね。ただレッスンの一環で、所属している子たちがユニットを組んで歌ったり踊ったりする、発表会[※6]みたいなものは以前からあったんですよ。沢尻エリカも柴咲コウ[※7]も通ってきた道で。しばらく休止していたんですけど、またああいう発表会をやろうか、という話になった時、たまたま僕の手が空いていて、メンバーを集めることになりました。

※3　沢尻エリカ（さわじり・えりか）　1986年東京都生まれ。女優、歌手。小学6年生の時に芸能界デビュー。2005年に映画『パッチギ！』で日本アカデミー賞新人俳優賞など数多くの賞を受賞。初主演を果たしたテレビドラマ『1リットルの涙』でも演技力が高く評価された。2009年9月までスターダストプロモーションに所属。

※4　森尾由美（もりお・ゆみ）　1966年埼玉県生まれ。女優、タレント。高校在学中にテレビドラマ『ねらわれた学園』への出演で芸能界デビュー、翌年にシングル曲『お・ね・が・い』でアイドル歌手デビュー。以降バラエティ番組への出演、ドラマ出演と、幅広く活躍。

※5　野々村真（ののむら・まこと）　1964年東京都生まれ。タレント、俳優。1982年に羽賀研二・久保田篤と初代いいとも青年隊としてデビュー。以降ドラマ、バラエティ番組、情報

それがももクロ誕生のきっかけです。

片山　新規展開を狙ったプロジェクトとして、計画的にアイドルユニットをつくったわけではないんですね。

川上　全くそんなことなく、行き当たりばったりでした（笑）。メンバーを決める際も、例えば、れにちゃんは「今週スカウトしてきたばかりの子がいる」「じゃあその子を入れよう」とあっさり決まりました。夏菜子ちゃんとたまちゃんは契約を更新する時期が迫っていて、下手するとそのまま更新切れでクビになっちゃう、という子たちのリストに載っていたふたりですから。

片山　こんなにかわいいのにねえ。

百田　ちょっと、片山さん、今日（笑）。

高城　ちょこちょこなんか入れてくるね（笑）。

川上　うちはどんどんスカウトする方針なので、何百人という同世代の子たちが所属しています。早い子は1年から、だいたい5年周期で契約更新することが多いですね。夏菜子ちゃんとたまちゃんは「おや、この子たちはダンスができるじゃん」ということで偶然、目にとまって声を掛けて、カメラテストをして、いまに至ります。その段階で初めて気付くっていうのも、タレントさんにとっては失礼な話なんですけれども。

片山　彼女たちが埋もれてしまうくらい、魅力的な子ばかりが集まっているというわけですよね。いやー、その偶然と川上さんの判断に感謝です。

番組などに出演多数。

※6　発表会みたいなものANGEL EYES（エンジェルアイズ）という名称で、スターダストプロモーション内で1998年に立ち上がった、若手女優レッスン生のユニット結成＆発表会を行うプロジェクト。「ANGEL EYES」は現在、ももクロの公式ファンクラブの名称にもなっている。

※7　柴咲コウ（しばさき・こう）　1981年東京都生まれ。女優、歌手。1998年にテレビ出演で芸能界デビュー。2000年公開の映画『バトルロワイヤル』で演技力が注目され、2001年公開の映画『GO』では日本アカデミー賞最優秀助演女優賞ほか多くの映画賞を受賞。2017年には、第56回NHK大河ドラマ『おんな城主 直虎』で主人公の井伊直虎役を演じる。

5人それぞれのスカウト事情

片山　ではももクロのみんなはどうやって事務所に入ったのか聞いてみましょう。それまでスターダストにはアイドルグループがいなかったんだから、いまみたいな活動を想定していたわけじゃないよね？　どちらかというと女優さんを目指していたのかな。夏菜子ちゃん、どう？

百田　うーん、そんな、あんまり考えてなかったですね。女優も、アイドルも。ええと……芸能界に興味があったわけじゃなくて、あの、よくある、まわりが勝手にオーディション出しちゃった、みたいななりゆきで……。

川上　「全然興味なかったのに、アイドルになっちゃった私」みたいな。謙遜しながら自分を上げてるよこの子。

百田　えっ違う！　違いますー。でもそう言われると思ったから、なんて話そうか迷ったんだってば～！

佐々木　リーダー、感じ悪いよー（笑）。

百田　やだもー、たすけてー（笑）。

玉井　あはは、大丈夫大丈夫。

片山　しおりんは？

玉井　私はたまたま、街で声を掛けていただいて。

片山　スカウト？

玉井　はい。流れに身を任すタイプなので、そのまま事務所に入って、なんとなく4年間レッスン受けていて。さっき川上さんが話していた通り、クビ直前のところを拾ってもらいました。

片山　あーりんはももクロに入った時、まだ小学生だったんだよね。

佐々木　そうなんです、その前に別の事務所でお仕事させてもらってたんですけど、一回辞めてフリーの時期に、いまの事務所にスカウトしてもらいました。私は最初から、「歌と踊りができる子を探してる」って言われましたよ。川上さんとか事務所の人たちの前で歌って踊って、翌日呼ばれてメンバーになったんです。

片山　川上さん、覚えてます？

佐々木　覚えてなかったらショックだなあ、結構、緊張したのに。

川上　それは覚えてなかったらさすがに失礼すぎます（笑）。「小学6年生なのにグイグイ来るなあ、すごいっすね」ってコメントしたもん。あーりんとれにが入った時には、もうだいぶ、ももクロの形が明確になってきてたんですよね。

片山　杏果ちゃんはEXPG※8のキッズダンサーとして、EXILEのバックでも踊っていたんだよね。

高城　ちょっと有安さん、かっこいい（笑）。

有安　いやいや、話せば長くなるんですけど。ダンスはずっと好きで、EXPGという、EXILEさんの主宰するダンススクールに通っていて、キッズダンサーもやらせてい

※8　EXPG（EXILE PROFESSIONAL GYM）株式会社LDHが運営するアーティスト養成スクール。ダンス＆ボーカルを中心に、様々な表現者・エンターティナーを育成している。2003年に東京校を開校、2017年2月現在、国内12校、海外2校の全14校を展開。

Guest
ももいろクローバーZ
+
川上アキラ
instigate
—hosted

ただいてました。でもそれは仕事というよりは、趣味みたいなもので。仕事としては小さい頃からずっと、子役みたいなことをやっていたんです。でもだんだん仕事が来なくなってきたので、プロダクションに入りたくて、自分でオーディション雑誌を買って応募して、オーディションを受けては落ちて……みたいなことを繰り返していた時期に、友だちと街を歩いてたら、たまたまスターダストさんがスカウトで声を掛けてくださいました。でも「大手の事務所だし、どうせ埋もれちゃうんだろうな」っていう覚悟も持ちつつ、私は入りました。

片山　みんなスカウトなんだね。れにちゃんも？

高城　そうですね。

片山　タップダンスやってたんでしょ？

高城　わー、それはやめてください！　今日はその話はナシです。

玉井　上手なのにー。

高城　いいの！　えーと、スカウトで入ったんですけど、実はあとから聞いたら、私をスカウトしてくれたマネージャーさんはスターダストに入社したばかりの新人さんだったんですよ。それで私がスカウト成功の第1号だったらしくて、事務所側としては大目に見るような感じで、「まあ入れてあげようか」って判断になったのではないかと。

片山　そのマネージャーさんにスカウトの自信をつけさせるために？　いまとなっては手柄じゃない。

高城　ですよね、手柄なんですけど。

玉井　自分で言ってる（笑）。

高城　え、だって実際においしいところ掴んだよね（笑）？　それが去年くらいに発覚した衝撃の事実でした。

片山　ももクロって、最初は９人だったんですよね？

百田　そう、９人でした。

佐々木　私が最後に入った９人目だったんだよね。最初は６人って聞かされていた気がするけど。行ってみたら８人もいて、「あれ多いな？」って。

川上　最初はね、９人で始まる物語を考えていたんだよね。

片山　当時のこと、みんな覚えてる？

玉井　でもあっという間でしたよ。初回に「これから９人でやっていくよ」って言われて、次の顔合わせでは６人になっていました。

百田　９人で撮った集合写真って１枚だけしかないんですよ。ステッカーみたいなのを撮ったんですけど、それが奇跡の１枚で、それきりなかったことになってるの。

片山　今回いろいろ調べたんですけど、ここまで８回メンバーチェンジしてる。

玉井　えーっそんなに？

川上　それには事務所的な理由がもちろんあるんですけど、結構、流動的だったんですよね。

有安杏果、銭湯でお湯をかけられる

片山　軌跡を辿っていくと、2008年5月17日に、れにちゃん、夏菜子ちゃん、しおりんとほか3人で、「ももいろクローバー」が結成されました。当時は全員が学生だったこともあり、〝週末ヒロイン〟というキャッチコピーがついたんだよね。その後、短期間で何度かメンバー交代があって、あーりんと、現在は女優として活躍している早見あかり[※9]ちゃんが加入したのがその年の秋。ただし華々しいデビューというわけではありませんでした。最初の頃は、全国各地にあるヤマダ電機の店頭や代々木の公園前の路上で、わりとカジュアルなスタイルのライブ活動をしていて。

川上　まあそうですね。マネージャーとしての経験上、彼女たちが20歳の時にトップに立てればいいと最初から思っていたので、あくまでもステップのひとつとして。

高城　川上さん、ほんとに最初からずっとそう言ってたよね。

玉井　ワゴン車に泊まり込みで、あちこちまわったねー。

片山　当時の映像を見ると涙出てくるんだよね。それ以外の映像でも泣くけど。会場のみんなにも見てもらいたいから、デビュー当時の映像をいまから流します。（スライドに映った映像を見ながら）……後ろのほうも見えるよね？　……これね、2009年の夏。ヤマダ電機の店頭でライブしたあと、夏菜子ちゃんがほら、重大発表を。

百田　あ、オリコンデイリーランキング11位の発表があった時の。

※9　早見あかり（はやみ・あかり）　1995年東京都生まれ。女優。2008年11月から2011年4月までももいろクローバーのメンバーとして活動。サブリーダーでありももいろクローバーになくてはならない存在だったが、「自分はアイドルに向いていない」ことを理由に脱退、以降女優に転向。2014年、NHK連続テレビ小説『マッサン』に主人公の妹役で出演し注目を集める。同年、映画『百瀬、こっちを向いて。』で初主演を果たす。

玉井　ちょっと、高城がすごい顔して泣いてる！

片山　みんな泣いてるよね。感極まった感じが伝わってきます。

玉井　夏菜子の声もすごい若いね、いまの「オリコンデイリーランキング～」って、どこから声出てるの（笑）。

百田　やだ、変な声真似しないで。でもほんと声、若かったね。嬉しかったんですよ。『ももいろパンチ』[※10]っていうデビューシングルなんですけど。ただこの曲、最初メジャーデビューだって聞いていたのに、インディーズだったんです。事務所の人もCDの流通がよくわかってなかったみたいで。

佐々木　あれって、私たちが騙されてただけじゃないの？　事務所の人もわかってなかったの？

川上　俺がわかってなかったんだよね。自主流通とメジャーの違い。

玉井　でもランキング11位って嬉しかったよね！

佐々木　この頃って、ヤマダ電機の前で1日3回くらい歌って踊って、握手会して、自分たちのCDが売り場にあるか探して……。

川上　杏果はデビュー曲はまだいないんだよね。

有安　そうですね、私はインディーズ2枚目『未来へススメ！』[※11]からの参加です。でも変なタイミングで入っちゃったので、『ももいろパンチ』の追加公演には出てたりして。自分が写ってないジャケットにサインを書いてたんですよ。

川上　杏果が入るタイミングは、本当は2枚目のプロモーション期に合わせていたんで

※11『未来へススメ！』

※10『ももいろパンチ』

す。でも2枚目のCDに表記ミスがあって、発売日が大幅にズレちゃったんですよね。

高城　『ももいろパンチ』のツアーで、ワゴン車で全国をまわったじゃないですか。それに有安さんは参加してないわけじゃないですか。

有安　ちょっと待って。なんで急にそんな距離感ある言い方なの（笑）。

高城　オリコンに載った時、記者の人に、みんな「感想は？」って聞かれたんですよね。自分も嬉しくて感動してたんですけど、どこかで冷静に「有安さんは、なんて答えるのかな」って疑問に思って。

川上　えっ、なにそれ、やさしさなの？　ただの興味本位？

高城　いやそんなんじゃなくて、聞いてくださいよ。そうしたら「曲に参加してないから、曲に対する思い入れはみんなと同じではないと思うけど、これから一員となっていきたい」って答えてたの。それがすごい印象的で、すっごい覚えてるの。

有安　その話、メンバーから初めて聞いた。

百田　有安といえばね。

有安　ちょっと、なんで私の話が続くの。

高城　今日は有安さんのことを話す会でしょ。

有安　知らないよそんなの（笑）。

百田　『ももいろパンチ』で全国をツアーでまわっていた時、みんな銭湯に行ってたんです。それで忘れられないのが、追加公演の夜、有安が、銭湯でおばちゃんに、桶いっぱいのお湯を、思いっきりぶっかけられたんですよ。

片山　ええっ。
玉井　そうそうっ、洗い場がシーンとして。「えっ、有安さん何したの？」ってみんなびっくりして。
有安　ありましたねー。
百田　私たちはだいぶ銭湯慣れしてきた頃だったんだけど、有安はほぼ初めてで、使い方がよくわかってなかったんだよね。
有安　そう。立ったままシャワーを使ったら、それが隣の人にかかっちゃったみたいで、無言でバシャーってお湯をかけられました。あれからもう怖くて、銭湯ではマナーにめちゃくちゃ気をつけるようになりましたもん。
川上　全国をまわって、学んだこと多いよね。
片山　武蔵美の学生は、意外と銭湯通いしている子、多いんですよ。このあたりに下宿していると、そんなに珍しくないです。
高城　（会場に向かって）銭湯に通っている人、いますかー？
片山　手を挙げてみて。……ほら、わりといるでしょ。
百田　ほんとだ。
片山　おっとすみません、時間がじわじわと押しているので、次の話題に移りたいと思います。
川上　彼女たち、ほうっておくと銭湯の話だけで時間いっぱい、しゃべり倒しますからね（笑）。

歩き続けていく私たち。そして「Z」へ。

片山　さて、そうやって現在のメンバーが揃ったのが2009年7月。翌年2010年5月にはシングル『行くぜっ！怪盗少女』※12でメジャーデビューも果たし、順調にトップアイドルへの階段を上っていきます。しかし2011年の4月に、重大な転機が訪れます。なんとサブリーダーだった早見あかりちゃんが脱退。みんな、これはかなり衝撃的な出来事だったでしょう？

高城　あかりちゃんは、見た目も存在も大きくて、ももクロの柱みたいなところがあったから……。何度メンバーが入れ替わっても、誰かがクビになっても、絶対にこの人は辞めないって思ってたんです。だから1月に本人の口から辞めるって聞いても、最初はとにかく信じられなかった。脱退公演※13の中野サンプラザまで3か月しかなくて。当日はとにかく「もう最後なんだから、ここですべてを伝え切らないと」って思ってました。

片山　あかりちゃんへのメンバーからのメッセージ、なかなか終わらなかったよね。

佐々木　中野サンプラザ公演の直後に別のイベントがあって、あかりちゃんがいる間もそのイベントの準備は当然5人だけでやってたんですけど、正直、気の乗らなさが半端なかったです。

玉井　しばらく「あれ、なんかひとり足りないよ？」って思ってたよね。

片山　なるほど。でも、そんな感傷的な中野サンプラザのライブの最後に、なんと勝手

※12『行くぜっ！怪盗少女』

※13 脱退公演「4・10中野サンプラザ大会 ももクロ春の一大事〜眩しさの中に君がいた〜」

に名前を変えられちゃったんだよね？

玉井　そうなんですよ！　ライブ演奏が終わって、あかりちゃんを見送って、そしたら突然プロジェクターがザーッと砂嵐になって「ももいろクローバーZ」って文字が出たんです。私たちは何も聞かされていなかったから、「次のイベントのタイトルなのかな？」とか、何かのプロジェクトの一環だと思ってたんですけど。

高城　そしたら翌日、ニュースで「ももクロ改名！」とか出て。

佐々木　私は「ウィキペディアが変わっちゃう！　ウィキペディアが！」てずっと思ってた。

有安　そんなこと考えてたの⁉

佐々木　別にいつもチェックしてたわけじゃないんだけど、なぜかその時はそう思ったの。

玉井　私は「そんなのヤダ〜！」って川上さんに猛反撃しましたよ。

高城　「Z」になることで、6人でやってきた「ももいろクローバー」がなかったことにされちゃう、って思っちゃったんです、当時は。

片山　れにちゃん、すごい表情してたもんね、発表の瞬間。川上さん、脱退公演と同時に改名した、この意図はどのようなものだったのでしょうか？

川上　これから残ってやっていく子たちのドラマに焦点を当てたかったんです。メンバーの脱退は、ともすると辞めていった子に意識が流れてしまう。でも、ももクロはこれからも続いていく。そちらに寄せるための戦略ではありました。

片山　とても感動的にあかりちゃんを見送ったその直後に、バーンと雰囲気を変えて。
川上　ドライなわけじゃないんですよ。でもさよならしたら、それはそこで終わり。メンバーに伝えていなかったというのも、隠してたわけじゃなくて、そこで伝えたわけで。
玉井　出たー（笑）。そういうの、よくないよー（笑）。
佐々木　発表の場で、あかりちゃんがもう他人事みたいな感じで笑ってたのムカついたよね（笑）。「Zさんお疲れさまでーす、チィースッ」とか言って。
玉井　「ゼット〜（笑）」ってね。
佐々木　さっきまでビービー泣いてたくせに。
川上　「ビービー泣いてたくせに」ってすごい言い方だね（笑）。
片山　あかりちゃんには伝えてあったんですか。
川上　はい。「あなたのももクロでの夢は、このステージが終わるところまで。そこまではももいろクローバーの一員として、きちんと魅せなさい。そのあとは続けてやっていく子たちのステージだから、名前を変えます。僕たちはそうやって続けていくから」って。
片山　僕としては、希望の見える感じでとても良かったです。本当に大好きです。
百田　さっきから片山さん……（笑）。
玉井　ちょいちょい、ラブコールを挟んでくるね（笑）。

テレビ業界の演出をライブに取り込んだ

片山　さて次に行きましょう。4月に名前が変わり、7月にファーストアルバム『バトルアンドロマンス』[※14]を発表。秋には男性客、女性客限定ライブ「ももクロ秋の2大祭り「男祭り2011」「女祭り2011」」[※15]を実施して、従来のアイドルとは全く違う存在感を発揮していきます。2012年に全国のCDショップ店員が「売りたい作品」を選ぶ「第4回CDショップ大賞」で『バトルアンドロマンス』が大賞を受賞してからは、メディアでの露出も増えて、そのあとは怒涛の展開ですね。1年間で7種類のライブツアー、計36公演を開催。しかも「ももクロ春の一大事2012 ～横浜アリーナ まさかの2DAYS～」では、初日と2日目で異なるステージ演出を行うなど、新しい伝説を次々とつくっていきます。セットリストを変えるだけでなく、一晩でセットも丸々つくり直すなんて、普通の発想ではありえないですよね。

川上　ないでしょうね。でも横浜アリーナを2日間いただいたので、何かしら面白いことをしたいと思いまして。

玉井　同じ曲でも、1日目と2日目では踊りが違うんです。

高城　なのにリハーサル期間が3週間くらいしかなかった。

玉井　1回公演と変わらない準備期間なんですよ。

佐々木　しかも前日はセットがあるからゲネ[※16]ができない。

※14『バトルアンドロマンス』

※15 ももクロ秋の2大祭り「男祭り2011」「女祭り2011」

川上　いやあ、そんなすごいことよくやったよね。

百田　川上さん、それ考えたの自分だよ～（笑）。

片山　僕この頃はまだハマってはいなかったんだけど、のちにブルーレイでライブを観て「これはすごい」ってびっくりしました。ぐるりと360度、見渡せるステージで。

百田　そうなんです、2日目は客席がステージを囲むような円形になっていたから、サイリウムが私たちのまわりをワーッと囲んでくれるんです。すごく綺麗なんですけど、ちょっと困ったのは、どこを見ても同じ景色だから、立ち位置がわからなくなっちゃって。あと、唇にちょっと何か付いちゃった時、いつもなら後ろを振り向いてパって取るんですけど、それができないのが、難しかったです（笑）。

片山　そんな苦労があったんだ（笑）。演出も毎回凝っていますよね。演出を担当されている佐々木敦規[※17]さんが参加されたのは、どういうきっかけで？

川上　ライブコンサートってだいたい音楽業界の演出家に頼むのが一般的なんですけど、僕ちょっとへそ曲がりなところがあって、テレビ業界の人に演出してもらいたいと思ったんです。それで以前『アイドル道』[※18]というテレビ番組に沢尻エリカさんが出演した時に、総合演出をされていた佐々木さんにお願いしたという流れですね。

片山　僕、佐々木さんと食事をさせていただいたことがあるんですが、ちょうどK－1の仕事がなくなった時期で、自分の情熱をぜんぶももクロに注いだって言ってましたよ。

川上　だからいつでも電話がつながったんですね、なんて言ったらいけないですね（笑）。タイミングも良かったんですね。

※16　ゲネ　ライブやコンサートの直前に、本番同様のステージで行う最終リハーサルのこと。

※17　佐々木敦規　1967年生まれ。演出家・映像ディレクター。バラエティ番組や、K-1・プロレスなど格闘技番組の演出を経て、2010年より「ももいろクローバーZ」のステージ演出を手がける。

※18　『アイドル道』　CSフジテレビ721で2003年4月から2005年3月まで放送された、アイドルたちが様々な企画にチャレンジするバラエティ番組。

片山　それと、ももクロのみんなは、ステージに上がるまで客席を見てないそうですね。

川上　そうですね、幕が上がって、初めて会場が見渡せる。

片山　杏果ちゃん、歌い出しの曲でよく泣いてるじゃない。曲名の紹介もちゃんと言えないくらい。

玉井　「じぇったいじぇつめえええー」。

有安　ちょっとやめてよ、なんで今日、私いじめ多いのかな（笑）。

佐々木　杏果が最初に「じぇったいじぇつめえええー」ってなったのは[※19]2012年夏の西武ドームだったんですけど、初めて3万人くらいのお客さんが来てくれて、それも真ん中にあるステージでぐるっと囲まれてて。

有安　だってさあ！　何万人ものお客さんが、遠くから応援に集まってくれたとか、いろいろ考えたうえで舞台に上がって、実際にお客さんをバーって見たら、そりゃもう、感極まりますよ。

百田　でもね、杏果が「じぇったいじぇつめえええー」って、

有安　もういいってば。

百田　言ってくれると、なんかちょっとホッとするんですよ。

川上　たしかに杏果の「じぇったいじぇつめえええー」は、

有安　も～～（笑）。

川上　プロとしてはどうかなって思うところは、正直あるんです。でもももクロとしては、まあ、いいんじゃないかなって。

※19　2012年夏の西武ドーム　「夏のバカ騒ぎ SUMMER DIVE 2012 西武ドーム大会」2012年8月5日開催。

有安　最初[20]の日本青年館なんて、みんな最初から泣いてたじゃん！

佐々木　あれは高城さんがすごかったね。

高城　日本青年館って、ホールで大人数を前にしてやる初めてのステージだったんですよ。それまでヤマダ電機とかアニメショップの一角を借りてやってたのが、いきなりだったから、すっごい印象的です。

片山　それまではコンサートとかライブって最初をビシっと決めるものなのかなって思っていたんですけど、いきなりヘロヘロに泣いちゃってて。

有安　いまはもう大丈夫ですよ、ちゃんとやれます。

川上　でも片山さん的にはどうですか、そういうの。

片山　いやもう大好きです（笑）。

佐々木　また。

有安　ふふ（笑）。

片山　ではここで「ももクロ春の一大事２０１２ ～横浜アリーナ まさかの２ＤＡＹＳ～」、２日目「ももクロ春の一大事２０１２～見渡せば大パノラマ地獄～」[21]から、『CONTRADICTION』[22]の映像を学生のみんなにも見てもらいましょう。

（「ももクロ春の一大事２０１２～見渡せば大パノラマ地獄～」『CONTRADICTION』のライブ映像が流れる）

※20　最初の日本青年館「ももいろクリスマス in 日本青年館～脱皮：DAPPI～」２０１０年12月24日開催。

※21「ももクロ春の一大事２０１２～見渡せば大パノラマ地獄～」

※22『CONTRADICTION』アルバム『バトルアンドロマンス』収録。

ダンスの振付を覚える時間は、1曲1時間半

片山　いやーかっこよかったね。僕ほんとにももクロのダンス大好きなんです。実は今日、振付を担当されている石川ゆみ先生[※23]が会場に見に来てくださっています。スペシャルゲストとしてちょっとだけ、先生、前に出てきていただけませんか。

（石川ゆみさん、観客席より登壇）

高城　ゆみ先生だ〜。

石川ゆみ（以下、**石川**）　どうも、こんにちは。

片山　ありがとうございます、どうぞお掛けください。ゆみ先生は、デビュー当時からももクロの振付を担当されています。ももクロのダンスって、どんなコンセプトがあるんですか？

石川　絶対的なコンセプトっていうのはないんですよ。毎回スターダストの会議室で、川上さんとプロデューサーの宮本純乃介[※24]さんと一緒に「今回はどんなイメージ？」って話し合いながら決めています。だいたいは川上さんがとんでもないこと言い出すんですよね。プロレスの技とか。

玉井　卓球とか。

※23　石川ゆみ（いしかわ・ゆみ）　千葉県八千代市生まれ。振付師、ダンサー。結成当時より一貫してももいろクローバー、ももいろクローバーZのすべての振付を担当。「女祭り 2012〜Girl's Imagination〜」「女祭り 2014〜Ristorante da MCZ〜」では総合演出も務めた。

※24　宮本純乃介（みやもと・じゅんのすけ）1982年千葉県八千代市生まれ。音楽プロデューサー。2010年よりももいろクローバーZの音楽制作に携わる。2

高城　地引き網とか。
百田　会議室に呼ばれていきなり、「おまえたち、ちょっとエア卓球やってみて」とか「地引き網を引いてみて」とか言われるんですよ。
片山　メンバーも会議に参加するんですか？
石川　いえ、メンバーが入ると絡まれるので（笑）、基本はスタッフ数人です。
川上　僕らで話したイメージを、先生がうまくメンバーに伝えてくれるんですよ。こっちは思い付きで言ってるだけなんですけど、やっぱりプロは違うなあって思います。
片山　先生は、れにちゃんやあーりんの代わりに、お面を着けてステージに立ったこともあるじゃないですか。ダンス、キレッキレですよね。
石川　メンバーが欠けると代役がいないので、仕方ないというか。
佐々木　そりゃ、ゆみさんしかいないでしょー。
川上　お願いすると、すごいステージになるんですよ。
高城　ファンの人から、「今日のれにちゃん、ダンスがすごいキレッキレだ、と思ったらゆみ先生だった」と言われたことあります（笑）。
石川　あの時だって、ちゃんとれにちゃんの真似してたんですよ。ちょっと手首が内側に入るとか、正面を向く時に首を傾けてから戻すとか。やっぱりクセがあるから。
高城　すみません（笑）。
石川　夏菜子ちゃんも、マイクを持つ時に手首を曲げるクセあるしね。
百田　みんなクセあるよね。ちょっとずつ改善していってると思うけど。

０１４年よりキングレコード内 EVIL LINE RECORDS主宰、兼チーフプロデューサー。

OIRO CLOV
の2DAYS〜ももクロ☆オールスターズ

ももクロ春の一大事2012〜横浜アリー

玉井　この前みんなで昔の映像を見たんだけど、すっごい変わったよね。成長してる。
片山　先生、みんなはダンスは上手なんですか。率直に言うと。
石川　う――――ん。どうなんでしょうね。
片山　あれ？　みんなうつむいちゃった（笑）。
石川　上手か下手かというのは難しいですね。普通かな。
高城　じゃあ、いちばん覚えが早いのって誰ですか。
百田　覚えが悪い人のほうがいいんじゃない。
石川　えっ、それ言っていいの？
川上　いいんじゃないでしょうか。貴重ですね。
高城　え――なんか嫌な予感……。
石川　えっと……うん。質問した本人で悪いんだけど、高城さん。
高城　もー、絶対来ると思ったよー（笑）。
石川　でもずいぶん早くなったと思うよ。
片山　1曲の振付を覚えるのに1時間半なんですって？　短くてびっくりしました。
石川　それくらいですね。うん。フォーメーションも含めて。
片山　メンバーから見て、ゆみ先生はどんな存在ですか。
佐々木　私たち個人の個性を生かしてくれる先生。普通のダンスの先生だったら、個性よりも、いかに全体の動きが揃っているかとか、キレがあるかとか、そっちを重視すると思うんですけど。

片山　杏果ちゃんは？
有安　ももクロの持ち曲のぜんぶをゆみ先生がやってくれてるんですけど、それってかなりすごいことだと思います。全曲って、あんまり聞かない。
佐々木　イベントとかテレビ番組出演とか、1回限定の振付もぜんぶゆみ先生がやってくれてるもんね。
有安　（会場に向かって）すごいんですよー、みなさん！
片山　いやー、これからも見続けたいですね。ゆみ先生、ありがとうございました。
百田　えー、ゆみ先生、帰っちゃうの？
石川　席に座って最後まで見てるから（笑）。ありがとうございました。
片山　このような形で、時々シークレットゲストもお迎えしつつ進む「instigator」です。

トップを狙うから、ターゲットは絞らない

片山　そして2012年には、NHK紅白歌合戦に初出場を果たします。これはまさに悲願達成ともいえる、大きな出来事だったのではないでしょうか。
玉井　やっぱり違いましたね。いままでもどんどん新しい壁というか、目標を設定してやってきたんですけど、「紅白歌合戦に出たい」というのは自分たちが積極的に声に出した初めての具体的な目標でした。だから思い入れはすごいあって。言うだけならタダだからと、あちこちで口にしていたんですけど。本当にありがたいことに3年連続出場

させていただくことになって。

百田　紅白って出演者が決まるのがわりとギリギリなんです。よく新聞で内定とか書かれますけど、それも決定ではないんですよね。私たちが初めて出る前の年、２０１１年も内定という噂が出たんですけど、結局出られなかったんですよ。でも２０１２年は記者会見の当日に言われてびっくりして。みんなでボロボロに泣きました。

玉井　もう涙があふれちゃって、何も見えない状態だったもん。

百田　川上さんもさすがに号泣してたよね。

川上　「じぇったいじぇつめえええー」みたいな感じでしたね。

高城　それは違うから（笑）。

片山　夢を叶えていく、有言実行していくところが本当にすごいなと思って。僕がハマったのはこのあとすぐですね。「ももクロ試練の七番勝負 episode.3」[※25]に本広克行監督[※26]が出演していたでしょう。ももクロにも少し興味があったのと、本広さんとの勝負なんて面白そうだなと思って行ったんです。そしたら、ももクロのみなさんが素晴らしくて。その後、本広さんにお願いして一緒にライブを観に行って完全にハマって、そこからは全ツアーに参戦しています。すごいなって改めて思ったのは、ももクロのファン、いわゆるモノノフってすごい幅広いんだよね。僕はデザイナーノフなんだけど。

玉井　それみんな言うなあ（笑）。

佐々木　ここにもいるかな。美大ノフ？　武蔵美ノフ？

片山　結構いると思うよ。武蔵美ノフ、手を挙げて。………ほらね。

※25「ももクロ試練の七番勝負」苦手なトークを鍛える目的で、主に東京キネマ倶楽部にて1週間にわたって各界著名人をゲストに迎えて行われたトークイベント。episode.1は2011年4月11日～17日、episode.2は2012年1月30日～2月5日、episode.3は2013年1月28日～2月3日に開催。本広氏はepisode.3第4夜「vs.映画」で対戦。

玉井　えー、嬉しい！

片山　年齢も職業も関係なく、老若男女まんべんなくファンがいますよね。戦略って言っちゃうとやらしいんだけど、どうやってそのあたりのマトリックスを埋めていったのか、川上さんにお伺いしたいんですけど。

川上　全年齢に受け入れられるものでないと、エンターテインメントのトップには立てない、という思いは最初からありました。だからアプローチの仕方によって一定のカテゴリーを狙うということはしてないですね。ただ戦略というよりは、最終的には本人たちが持った資質でしょうね。

片山　ほんとにね、こうして目の前で話を聞いていてもわかると思うんけど、性格の良さがにじみ出てるでしょ。人間性だよねえ。

川上　ちょっと、褒められてるよ。

片山　いい子のふりをしているだけなら、裏が見えちゃうと思うんですよ。

川上　それは事務所の見せ方がうまいのであって、控室ではひどいですよ。

玉井　それは言っちゃダメ（笑）。せっかくがんばって隠してるんだから！

百田　なんで高城が腹黒いとかそんなひどいこと言うんですか！

高城　百田さんこそやめてよ、必死でおなかのギャランドゥ隠してるんだから！

佐々木　そっちの腹黒いはもっとヤでしょ（笑）。

片山　（笑）。でもほんとにね、モノノフの情熱ってすごいですよね。僕は踊るほうじゃなくて、双眼鏡でじーっと見ているタイプなんだけど。

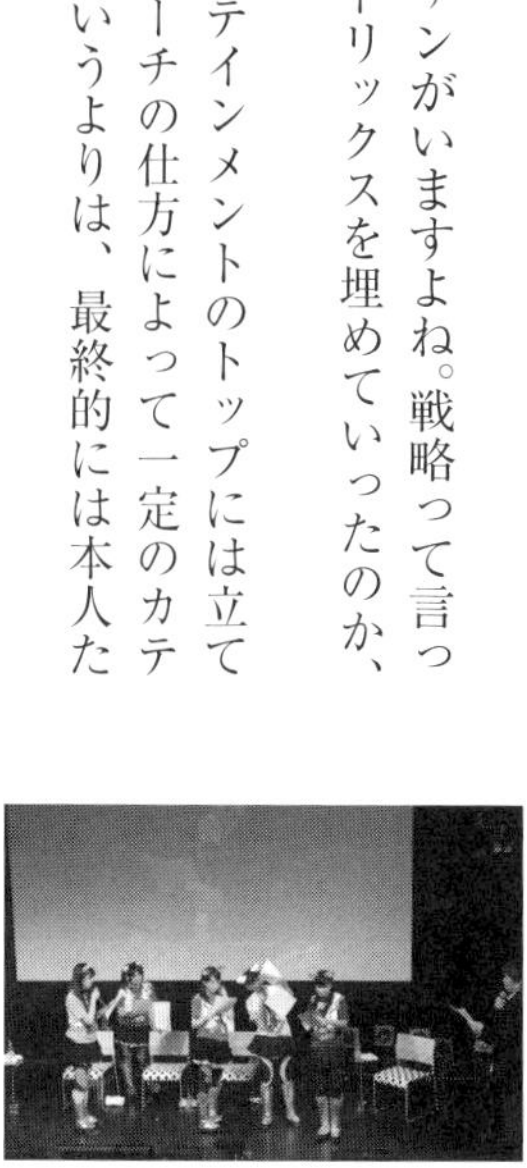

※26　本広克行（もとひろ・かつゆき）1965年香川県生まれ。映画監督。バラエティ番組、テレビドラマのディレクターを経て、『7月7日、晴れ』で映画監督デビュー。その後『踊る大捜査線』シリーズ、ももクロ主演『幕が上がる』などを手がける。instigator＃004ゲスト（『片山正通教授の「好きなこと」を「仕事」にしよう』収録）。

佐々木　ライブの楽しみ方にもいろんなタイプがあるんだ（笑）。
百田　どこまで見えるんですか、双眼鏡って。
玉井　歯とか？
片山　歯までは見えないけど、顔は見えるよ。
高城　でも双眼鏡って、見える範囲が決まってるじゃないですか。
玉井　あっ、そうだよね！　片山さん、誰を追ってるんですか？
片山　ええー。いやいやいやいやいや、それは言いません。
百田　それによって今後の対応も変わってくるよね（笑）。
川上　じゃあみんな目を塞いだらいいんじゃない、僕だけ聞いてる。
ももクロ　はーい。
片山　いやいやいや、目を隠しても耳は出てるじゃないですか！
高城　あっ、騙されない。
川上　よく使う手なんですけどね（笑）。
片山　もうみんな大好きですから。だから今日のコーディネートも、特定のメンバーのイメージカラーに偏らないよう、「箱[※27]推しの黒」でまとめてきました。なんて僕の話はどうでもよくてですね。そうやってモノノフのみんなが一緒にコンサートの空気をつくっていて、それにハマったたっていうのもあるんですよ。かけあいとか、すごい完成されてるじゃないですか。しかもアルバム発売前の曲でも踊ってるでしょう。あれはいったい、どういう情報網なのか。

※27　箱推し　アイドルグループ全体（箱）を応援する（推し）という意味の言葉。主にももいろクローバーZの熱烈なファンであるモノノフの間で使われ広がった。モノノフは応援する各メンバーのカラー（赤：百田香菜子、黄：玉井詩織、ピンク：佐々木彩夏、緑：有安杏果、紫：高城れに）を身に着けることが多いが、箱押しの表明は「黒」となる。

※28　元日本代表とサッカーの試合

高城　モノノフさんたちの対応力すごいんですよ。ものすごく覚えが早いんです。

片山　その場にいる全員がつくってる感がすごいんだよね。ライブ行ったことない人はほんと行ってってほしいです。

極限状態からしか生まれない世界観がある

片山　舞台装置もびっくりするようなことばかりだし。2013年夏に日産スタジアムで開催された「ももクロ夏のバカ騒ぎ WORLD SUMMER DIVE 2013.8.4 日産スタジアム大会」なんて、メンバーが[※28]元日本代表とサッカーの試合はするわ、[※29]布袋寅泰さんがオリンピックよろしく『君が代』を演奏するわ、ライブ中に[※30]猫ひろしさんがフルマラソンに挑戦するわ……。

玉井　[※31]川上さんも聖火ランナーをやったんだよね（笑）。

川上　日産スタジアムはわりと初期の段階から使用許可が下りてたんです。でも芝生に客席を置くのはダメって言われて、じゃあどうやって魅せるのがいいかを、演出の担当者と考えたんですね。その状況にあったいちばんのエンターテインメントを提供するにはどうしたらいいかを考えた結果、夏菜子が[※32]武井壮さんと短距離走対決するとか、そういう方向になったわけです。

百田　武井さんとの短距離走は、私20mのハンデをもらったんです。私が100mで、武井さんが120m。それでも全然、かなわなくて。途中抜かされる時、頭をポンって

※29　布袋寅泰（ほてい・ともやす）1962年群馬県生まれ。ギタリスト、歌手、俳優。ロックバンド「BOØWY」のギタリストとして1982年にデビュー。1988年のバンド解散後、アルバム『GUITARHYTHM』にてソロデビュー。1989年には吉川晃司とロックユニット「COMPLEX」を結成。第一線で世界的に活躍し続けるミュージシャン。

※30　猫ひろし（ねこ・ひろし）1977年千葉県生まれ。お笑いタレント、マラソン選手。リオデジャネイロオリンピックカンボジア代表。2011年よりカンボジア国籍。ワハハ本舗所属。

※31　川上さんが聖火ランナーに

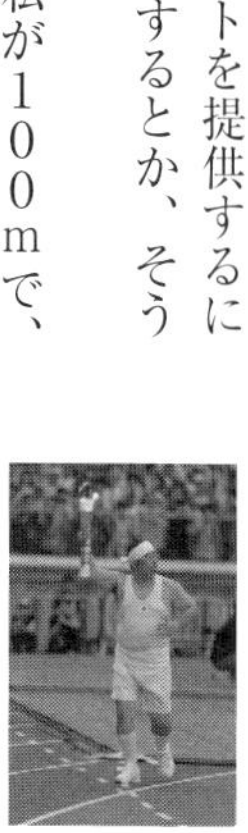

叩かれて、くっそーって。すごい悔しかったですね。

片山　武井さん、ももクロのライブ中もずっと走ってたらしいね。夏菜子ちゃんだけ踊ったあとの状態じゃ、ハンデがあってもフェアじゃないからって。

百田　そうなんです。「ライブのあとだから」って言い訳を考えていたのに、完敗でした（笑）。

片山　実は僕、あの時、家族旅行で屋久島に行く予定が入っていて泣く泣く諦めてたんです。でも本広監督から「すっごいライブらしい、すごい状況らしい、行かなくていいの？」って連絡が来て、居ても立ってもいられず、屋久島から1日だけ東京に戻ってライブを観て、また屋久島に行くことにしたんです。

佐々木　えっ、それはすごい。

片山　家族には一生、言われ続けると思います（笑）。でも観れて本当に良かった。刺激的で多彩なアイディアに毎回驚かされっぱなしです。

川上　当然次の展開を見越しての演出だったわけですけれども。意外だったのは、翌年同じ場所で「夏のバカ騒ぎ2014 日産スタジアム大会～桃神祭～」をやることになって、今度は芝生の内側も使えるからということで、動員数がすごく増えるのかと思ったら、5000人しか増えなかったんですよ。※33ステージ担当の高橋に「なんで？」って聞いてもなんかモゴモゴ言っててよくわかんなくて。今日一緒に来ていて、そこにいますけど。ちょっと高橋、説明してよ。ももクロのステージイベントを仕切ってるの彼なので。杏果ちゃん、マイク渡して。

※32　武井壮（たけい・そう）1973年東京都生まれ。タレント、元陸上競技選手。陸上競技・十種競技元日本チャンピオン。十種競技（2日間で合計十種の競技を行い、その記録を得点に換算し、合計得点で競う陸上競技）の100mベスト10秒54は日本最高記録。

※33　ステージ担当の高橋さん　コンサートの制作・運営会社ハヤシインターナショナルプロモーションの担当者・高橋文彦（instigator #011開催の、2014年12月1日時点）。通称「高橋名人」。国立競技場をブッキングした功績がファンからも讃えられている。

有安　はーい。

（スタッフ席にいた高橋文彦さんにマイクが渡される）

高橋文彦（以下、**高橋**）……あ、どうも。高橋と申します。

百田　アダ名は名人です。

片山　高橋さん、よかったらちょっと説明をお願いします。

高橋　えーと、あれはですね。最初の年は芝生がステージで、お客さんは芝生には入ってないんですけど、まわりに椅子を並べていたんですよ。でも2014年は外にステージをつくって、芝生に椅子を並べたので、結局5000人しか増えなかったんです。

高城　ほんと、同じ会場なのに、見える景色がまるで違いました。

片山　もうひとつ、ちょうど聞きたいことがあったんです。2013年12月に開催された「White Hot Blizzard ももいろクリスマス2013 美しき極寒の世界」※34は会場内の最低気温が4度という、まさに極寒の西武ドームが舞台でした。あの寒さには、いったい、どういう演出の意図があって……。

高橋　あれはですね、真冬に外でやってみよう、っていうコンセプトがまずありまして。

百田　ねえちょっと、そこ、引っかからないの？　普通に考えたらおかしくない？

片山　おかしいよねえ。

百田　ですよね？　でもなぜか引っかからないの、うちのまわりの大人たちは。

※34「White Hot Blizzard ももいろクリスマス2013 美しき極寒の世界」

高城　百歩譲ってですよ、私たちは踊っているからまだセーフ。モノノフさんたちもたぶん、盛り上がっているからまだ大丈夫としても、スタッフさんとか大変なんですよ。ＰＡさんとか。

佐々木　照明さんとか機材さんとか。

川上　大変だよね、どうなっちゃうんだろう。

玉井　考えたの自分じゃん！

川上　いやでも、そういう極限状態からしか生まれない世界観があるというところで、高橋さんが選んできてくれたのが、西武ドームだったわけです。

佐々木　川上さんが直帰しやすいから埼玉を選んだのかと思ってた（笑）。

片山　武蔵美の屋上から見えるんですよ、西武ドーム。いやあ、ほんと客席も寒くてね。ヒートテックを着込んで参戦しましたけれども。その極寒の西武ドームの最後に、重大発表があったんだよね。こちらもまたデビュー当初からの夢だった、国立競技場※35でのライブ開催、という。

ビビる時間もないから、突破するしかない

片山　紅白出場と並ぶ2大目標のひとつだった、国立競技場でのライブ。でもすでに取り壊しが決まっていたから、間に合うかどうかわからなかったんだよね、この時までは。

佐々木　ほんとに、国立でやりたいっていうのは、口に出すのも恥ずかしいくらいで。

※35　国立競技場　独立行政法人日本スポーツ振興センター（ＪＳＣ）が管理運営する国立霞ヶ丘競技場の通称。新国立競技場（仮称）への改修のため、２０１４年5月に閉鎖された。日本を代表する大型スタジアムとして、競技スポーツに使用されるほか、数多くのアーティストがライブ・コンサートを行ったが、女性グループのコンサート実施はももいろクローバーＺの「ももクロ春の一大事２０１４ 国立競技場大会」が初めてとなった。

※36　嵐（あらし）ジャニーズ事務所所属の大野智、櫻井翔、相葉雅紀、二宮和也、松本潤をメンバーとする男性アイドルグループ。１９９９年11月シングル『Ａ・ＲＡ・ＳＨＩ』でＣＤデビュー。以降、ミュージシャン、タレント、俳優としてグループ・ソロ活動ともに活躍。２０１４年5月にはグループのシングル総売上が２０００万枚を突破。２０１５年11月から12

夢のまた夢みたいな。

高城　だいぶホールコンサートに慣れてきてからも、国立競技場の取り壊しにはさすがに間に合わないだろうから、改装後を目標にしようって言ってたんです。

玉井　ワゴン車で全国をまわっていた時、1回1回がすごい長旅になるんです。移動時間が9時間とか普通にあって。暇だから、よくみんなでDVDを見てたんですね。『リチャードホール』とか、お笑いとか。その中に嵐[※36]さんの国立競技場でのライブ映像があって。すごい感激して、いつかやってみたいなっていう目標になったんです。立川のデパートの屋上でライブやった時にも、国立と立川を合わせて「国立川」とか言ってみたり、それっぽいセットを組んでみたりして。そこで終わる遠い夢だなと思ってたんですけど、4年で叶うなんて、思ってもみなかった。

川上　国立の話も高橋が持ってきたんですよ。その時はさすがに「お前すごいな！」と思いました。

高城　名人、ありがとう！

高橋　どうも。

川上　これはね、ほんとにすごい箝口令を敷いて。知っているのは、おれと高橋と佐々木さんだけ。メンバーには一切知らせずに、コンサートの最後で、いつも大事な発表の時に来てくれる松崎しげる[※37]さんとモノノフのみなさんに協力してもらって、伝えたんです。

片山　みんな驚いて、泣きながら、へたり込んじゃったもんね。そうして3月に開催された「ももクロ春の一大事2014 国立競技場大会」[※38]は、女性グループ初の国立競技

月にかけて開催された5大ドームツアーにおいて、単独コンサート総動員数1000万人を突破した。

※37　松崎しげる（まつざき・しげる）1949年東京都生まれ。1970年デビュー。1977年『愛のメモリー』で日本レコード大賞歌唱賞受賞。以降ドラマ、映画、バラエティ番組などでも幅広く活動、現在も年間通して数多くのライブステージを行い、「ディナーショーキング」の異名を持つ。

※38　「ももクロ春の一大事2014 国立競技場大会」

場ライブという、最初で最後の記録を樹立。さらに2日間で11万人を動員しました。

高城 あの時、一緒に歌ってくれた人、ここにいるかな？

片山 おれ歌ったよー。ほら、武蔵美ノフも何人か手を挙げてる。

玉井 でもほんと嬉しかったね、次の新国立競技場ができる頃って、高城さんはもう三十路……。

高城 ちょっとそこ、悪く言うんじゃないよ（笑）。

玉井 いや踊れるかなって。

高城 まだ27です、踊れますー。

片山 ぜひ新しい国立でもやってほしいですねえ。続いて2014年の夏は、さっきも少し話に出た日産スタジアムで、「日本一の夏祭りをつくる」をテーマに掲げたライブ※39「ももクロ夏のバカ騒ぎ2014 日産スタジアム大会～桃神祭～」が開催されます。これは、全国各地から集まったお祭り団体の総計630人の方がももクロと一緒に踊るという、またすごい規模のステージでしたね。

高城 全国からいろんなお祭り団体の方々が参加してくださって。

川上 日本に新しい奇祭をつくりたいと思ってやらせていただいたんですけど、これですよ、セットに莫大な金がかかったの。神社とか神輿とか屋台とかつくっちゃって。あとから高橋がもそもそやってきて「セットに5億円かかりました」って。

百田 名人もごもご言ってた！「建ててみたら5億円でした」って。びっくりしますよね。ずっと冗談かと思ってたもん。

※39「ももクロ夏のバカ騒ぎ2014 日産スタジアム大会～桃神祭～」

高城　ネタだと思ってた。
片山　建ててみたら？
川上　そうなんですよ、つくる前に相談しようよ。そもそも単純にチケット収入に人数かけたらわかるじゃん。チケット収入の半分がセット予算ってありえないよ？　何を言ってんの、みたいな。
玉井　なんで建ててみちゃったんだ（笑）。
百田　そしたらもう、やるしかないもんね。
川上　交渉術がおかしいんですよ、あいつ。あ、もう逃げて引っ込んじゃった（笑）。
片山　でもすごいライブだったなあ。僕は2日目に行ったんですけど、雨で1時間、遅れましたよね？　でも天気予報を裏切って、5曲目くらいで晴れてきて、すっごい綺麗な虹がかかって。忘れられない。「桃神祭」では、当日のとっさの判断でフォーメーションもすべて変えたんですってね、その場で。
佐々木　用意してたセットが天候の関係で使えなくなっちゃったんです。しかも1時間押しちゃってて。それでも全曲やりきりたいっていう気持ちがあったから、ゆみ先生や佐々木敦規さんと、バーってみんなでやりましたね。
片山　その対応力もすごいよね。
玉井　やっぱり全国をまわっていろいろな場所でライブをやってた経験が生きていると思います。例えばヤマダ電機の店頭ライブって、店舗によってスペースの広さが違うので、どうしてもフォーメーションの調整が必要になるんです。それ以外でも、さっきの話にあった横浜の「2DAYS」で、2日間、完全に違うフォーメーションにしたこともあったし。当時はただ必死なだけでしたが、あとから思うと、そういう経験が生きてるのかなって。

片山　ハートも強くなってるのかな、過去の経験から。

百田　ビビる余裕がないっていうか、そうやって突破するしか方法がないんです（笑）。それにそういう時に「そんなの無理だよ、やめたほうがいいんじゃない」とか、ブレーキをかける人もいないんですよ。みんなが同じ方向を向いているから、驚かれるようなことも、意外とスムーズにできるっていう。

佐々木　培ってきた信頼関係もやっぱり大きいと思います。みんなある程度は、自分のことは自分でやるんだ、って思っているし、それをお互いに信じているから。だからライブで離れて踊っていても大丈夫、という気持ちはありますね。

トラブルだって新しいアイディアを生み出すから

片山　トラブルといえば、あーりん、2回骨折してるでしょう。

佐々木　1回です、折れたのは。まあ似たようなものですけど。

高城　あーりんが骨折したからこそのキャラもできたよね。あーりんロボとか。

玉井　いろいろ考えるきっかけになりましたよ。あーりんが骨折したからこそできることってなんだろうとか、変なロボコップみたいな格好させられてるのを見た時は、ああ私は絶対に骨折しないようにしようとか（笑）。

川上　あれは嫌がりましたねー。

百田　絶対に嫌でしょう（笑）。だって休憩中、あーりんが自動販売機ロボとかになってててくれて、ボタンを押すとほんとにドリンクが出てくるんですよ。

佐々木　あーりんロボはまだいいんですけど、あーりんロボコップはひどかった、ほんとにあれはない。絶対やだって抵抗しました。だって、あの時はまだ歩けたんですよ。1回目で。歩けるのに変な格好させられてるのがほんと屈辱でした。

片山　でも2回目は、お姫様みたいなかわいらしい衣装を着て、車椅子に座って出演してたじゃない。

高城　なかなかいないよね、1年に2回、足を折るって。

佐々木　国立競技場と日産スタジアムは押さえてるんで。

百田　大きいライブは休んでないって、やっぱり「持ってる」んだよね。でももうあーりんが動けなくなった場合のフォーメーションばっちりですよ。あーりんが車椅子に座ったままでも、ちゃんとみんなが広がって見えるフォーメーションを完全に編み出してるから。

玉井　いつ折っても大丈夫だよ（笑）。

佐々木　うるさいよ（笑）。

片山　杏果ちゃんも、声が出なくなっちゃったことがあったよね。

有安　あれはいつだろう、２年前……？

高城　紅白のあとだった。

有安　そうですね。紅白のあとしばらく歌えなくて。年明けから2か月は声を出さずに、筆談してました。でもひどいのは、普通声が出ないんだから療養に入るのかなって思うじゃないですか。そうじゃないの、イベントやこういうトークショーにも参加必須で、『徹子の部屋』[※40]にも筆談用のフリップを持って出たんですよ。

片山　見ました見ました、杏果ちゃん、字が綺麗だなって思った。

佐々木　そこ（笑）？

片山　トラブルも、あとから振り返ると、むしろ印象的なものになってるんだよね。

玉井　その頃はまだロボット化させられなかったんだね。

川上　まだ面白さに気付いてなかった。

佐々木　いやいや、声が出なくてロボコップは最悪すぎでしょ（笑）。

有安　嫌だとも言えないもんね（笑）。

片山　これまでは結果オーライでしたが、怪我や病気には気をつけてくださいね。

初主演映画は、ももクロの軌跡がオーバーラップする物語

片山　そして2014年の暮れ、つまり現在に至るわけですけれども。年末には3年連続の紅白出場が決まっています。さらに年明けには、伝説のロックグループKISS[※41]とコラボレーションしたマキシシングル『夢の浮世に咲いてみな』[※42]が発売されるんです

※40『徹子の部屋』 1976年2月2日よりテレビ朝日系列で月曜から金曜まで平日午後に放送されている長寿番組。司会の黒柳徹子が毎回1組のゲストを招くトーク番組で、2016年に40周年を迎えた。

※41 KISS（キッス） 1973年に結成されたアメリカの伝説的なロックバンド。白塗りの上に施した大胆なメイクと奇抜な衣装がトレードマークであり、活動当初より口から炎や血を吐くなどの独創的なパフォーマンスを展開する。現在のメンバーは、ポール・スタンレー、ジーン・シモンズ、エリック・シンガー、トミー・セイヤーの4人。シングル、アルバムの総売り上げは1億枚を超えている。

よ。僕らの世代からしたらＫＩＳＳなんて神様のような存在であって、もう世界の頂点に上り詰めてるともいえますね。

佐々木　びっくりしたのが、最初に挨拶に伺った時も、ＫＩＳＳのみなさん、ちゃんとフルメイクをして、テーマ曲もかけて登場してくださったんですよ。控室で、私たちしかいないのに。徹底していて、本当にすごいなって。

片山　プロフェッショナルって、そういうところに出るのかもしれないよね。そしてさらに、本日の重大発表の時間です。初主演映画……と言っていいんですよね、川上さん。

川上　映画自体は初ではないんですけど。

百田　きちんと台本があって、というのは初めてです。

片山　平田オリザ[※43]さん原作の青春小説『幕が上がる』[※44]を、先程からちょこちょこと名前が出ている本広監督が映像化。高校演劇部の話で、実は僕も夏菜子ちゃんのお父さん役でちらっと出演しています。

川上　いま片山さん、さらっと言いましたけど、本邦初公開の事実ですよ、みなさん。片山教授の銀幕デビューです。

百田　結構セリフもあったんですけど、自然でした。

佐々木　多才だなあ。

片山　すみません、お恥ずかしい。武蔵美もロケで使われているんだよね。そして本広監督も今日いらしてます。ちらっと登場してもらいましょう。シャイな方なので、ほんとにちょっとだけ。どうぞ。本広克行監督です。

※42『夢の浮世に咲いてみな』

※43　平田オリザ（ひらた・おりざ）１９６２年東京都生まれ。劇作家、演出家、「青年団」主宰。こまばアゴラ劇場支配人。1995年『東京ノート』で第39回岸田國士戯曲賞受賞。以降受賞多数。旧来の芝居がかった台詞回しではなく、現代的な自然な会話で進めていく「現代口語演劇理論」の提

（本広克行さん、観客席より登壇）

本広克行（以下、**本広**）　ども。

高城　よっ、監督！

玉井　監督ノフ！

片山　さっそくですが監督、この『幕が上がる』は、どういう話ですか？

本広　高校の弱小演劇部が、演劇コンクール全国大会を目指す話です。普通の女子高生が演じる喜びを発見する話であり、その軌跡は、彼女たちの努力の道のり[※45]にもオーバーラップするような。でもまだ編集している途中で、もしかしたら片山さんの出演シーンはなくなるかもしれない。

片山　ええーっ。

玉井　わー、それはカッコ悪いですね。

百田　いま学生たちの前で発表しちゃったからね。

有安　まあ、芸能界ではよくある話ですよ。

川上　ですです。

片山　えぇー。僕は素人なんで……ほんと楽しみなんですけど……監督、何か食べたいものないですか。

佐々木　そこ、お金で解決しようとしないで。

唱者であり、戯曲以外に理論的な著作も多い。

※44『幕が上がる』

高城　食べ物で釣るんじゃない（笑）。
片山　だって……いいです、あとで話し合います（笑）。監督から見て、彼女たちの演技は、いかがでしたか。
本広　まあまあですね。
片山　あれ？　前に聞いた時は、褒めてたじゃないですか。
高城　ほんとですか？　絶対褒めないですよ、監督。
百田　撮影中から「まあまあ」しか言わないんです。
本広　僕はモノノフじゃありませんからね。
玉井　えー絶対モノノフだよ（笑）。
高城　モノノフじゃなきゃ、こんなに素晴らしい映画を撮れるわけないです（笑）。
本広　まだ編集中だもん、完成してないもん。
高城　まーっ。ああ言えばこう言う……。
川上　いやでもほんとね、途中段階の試写で、みんな泣いてましたよ。僕も涙出たし。
百田　高城さんすごかった。なんか様子がおかしいなと思ってたら、観終わったあと、「……ねえ」って袖を掴んできて、「なに」って振り返ったら、「いい映画だねええ」ってボロボロ泣き出して。笑っちゃいけないんだけどなんだかおかしくて、すごく覚えてるんです。
高城　我慢してたの、メイキングの撮影でカメラも入ってたから、そこで泣いちゃダメだと思って。

※45　片山教授の出演シーン

佐々木　いやいやいや、カメラのまわっているところで泣いてくださいよ。
百田　せっかくならねえ！
佐々木　みんなちょっと鼻をすすったりはしてたけど。すごかったよね、あの時の高城さんは。
有安　メイキングのカメラさん、すごい勢いで追っかけて行ったもんね。
玉井　しかも階段を降りてる途中の、すごい撮りにくいところだった（笑）。
片山　まだ製作途中ではあるんですけど、実は予告ムービーはできているんです。なんと、いまここで、世界のどこよりも早く予告編を流します。
高城　あ、観たい！
玉井　すごいね、どこよりも先行上映！
片山　では暗くして、映像お願いします。

（『幕が上がる』の予告映像が流れる）

片山　いやーいいですねえ。もう泣けるもん。ねえみんな、早く観たいよね。
本広　まだ完成してないですからね。これから音楽やCGをつくらなきゃいけません。

現場で1度も台本を見なかった

片山　せっかくなのでメンバーから見た監督の印象についても聞いてみましょうか。しおりん、どう？

玉井　本人さっき否定してましたけど、監督は絶対にモノノフなんですよ。だから最初の頃って、なんかずっとニヤニヤしてて、カメラがまわってない時は「しおりん」とか「あーりん」とか呼んでくるんですね。でもカメラチェックではすごく真剣な表情なので、あ、やっぱりちゃんと監督なんだ、って思いました。最初はちょっと疑ってた（笑）。

川上　さっきも少し話に出ましたけど、ももいろクローバーZに改名してすぐの頃、「ももクロ試練の七番勝負」っていう企画で監督に出演してもらったんです。そもそもなぜ監督にお願いしたかというと、僕が安藤政信[※46]さんの現場マネージャーをしていた時、『スペーストラベラーズ』[※47]っていう映画を監督が撮っていたんです。僕はその作品が好きで、ももクロの活動にもすごく影響を受けてるんですよ。彼女たちにはそういう説明もしてあったんですけど、いまいち信用がなかったみたいで（笑）。

片山　監督としては、『幕が上がる』の、どのあたりがいちばんの見どころだとお考えですか。「見どころは、わざわざ言いたくない」とおっしゃっていましたが、あえて。

本広　まず、ももクロを知らない人にも楽しんでもらえる映画にしたかった。それは大前提なんですが、モノノフの人たちなら大号泣します。高校で演劇をがんばってる女の

※46　安藤政信（あんどう・まさのぶ）1975年神奈川県生まれ。俳優。1996年『キッズ・リターン』の主人公シンジ役に抜擢されデビュー。第20回日本アカデミー賞新人賞、第21回報知映画賞新人賞など10以上の映画賞新人賞を受賞し話題となった。以降多数のドラマ、映画に出演。

子たちと、ももクロの活動が重なるようにもなっていますし、小ネタや隠し味がいっぱい入っているから。彼女たちのことを全然知らない人が見ても楽しめて、かつコアなファンほど楽しんでもらえる超エンターテインメントを目指しました。さらにいうと、ももクロのライブを見終わったあとのような、いい余韻を残したいと。……まあ僕は別に、ライブのあと、そこまでいい気持ちになるわけでもないんですけどね。

高城　まーたー（笑）。うそつくなよー（笑）。

有安　もうそろそろ、正直になってもいいんじゃないですか。

百田　だって監督、撮影の最終日かな、「俺、ももクロしか知らない」っていうファンTシャツを着てましたよ。背中にしか文字がなかったから、ジャケットで隠してたけど。

玉井　ただの黒Tに見せかけてね。

百田　でも最後にバッと上着を脱いだあの瞬間、かっこよかったですよ、監督！

片山　あはははは、それは言い訳できないね。

川上　いい話ですねえ。

本広　いやーでもねー、本当に彼女たち、すごいがんばってました。びっくりするくらい弱音を言わないんですよ。朝早いロケでも「眠い」とすら言わない。みんな、台本を現場で1回も見なかったですしね。つまり全セリフを、ちゃんと覚えてきてるの。それは本当にすごいことで、「女優」という仕事についても考えさせられました。なんなんですか、あれ。スターダストの教えですか？

川上　どうなんですかね？

※47『スペーストラベラーズ』2000年公開の日本映画。監督：本広克行、脚本：岡田惠和、原作：児島雄一（劇団ジョビジョバ）の舞台『ジョビジョバ大ピンチ』より）。出演は金城武、池内博之、安藤政信、深津絵里など。本広監督による『踊る大捜査線』のセルフパロディの小ネタが満載。

佐々木　あまり意識したつもりない……。
片山　そういえば僕、休憩時間に夏菜子ちゃんと話す機会があったんですけど、台本は全然、見てなかったよね。セリフぜんぶ頭に入ってるんだ、すごいな、って思ってた。
本広　あ、大事なこと言うの忘れてた。見どころとして、各キャラクターと夏菜子ちゃんのラブシーンがあります。
片山　わあ、すごい見どころですね。って、なんか全員、爆笑しているけれど。
川上　え、ちょっとみんな笑いすぎでしょ。照れてるのかウケてるのか。
百田　それは、だって（笑）。メンバーとのラブシーンって、極端にいえば姉妹でいちゃいちゃするみたいな？　それはやっぱりやりにくいっていうか……。
本広　ここだけ聞いた人は、どんな映画なのか心配するね（笑）。
有安　怪しい映画じゃないですよ、みなさん。
百田　笑っちゃうし、ニヤニヤを我慢するのが結構、大変でした。あーりんとのシーンは、あーりんの圧につぶされそうだったし（笑）。
佐々木　ぎりぎりまで真剣なシーンだったんだけどね（笑）。
片山　公開が楽しみです。本広監督、ありがとうございました。

7号館401号室がライブ会場に！

片山　そろそろお時間ですね。長時間にわたり、ありがとうございました。

川上　どうでしたか、彼女たちの初めての大学講義は。

片山　素晴らしかったです。学生たちも、同世代とはいえ、学ぶことがあったと思いますね。ひたむきさ、一生懸命に前を見ていくところ……。でもここでお別れじゃさみしいよね。みんな、最初に渡したサイリウム、折って。

百田　あっ、すごーい！

佐々木　サイリウム持ってたの？

玉井　大学の教室がコンサート会場になった！

有安　すごいね。嬉しい。

高城　きれーい！

佐々木　もう白衣は脱いでいいかな？

有安　いいんじゃない。

（ももクロメンバー、上に羽織っていた白衣を脱いで、映画の衣装である制服姿に）

片山　ももクロのみなさんが、この会場でライブをしてくれます。僕がリクエストした曲は、『猛烈宇宙交響曲・第七楽章「無限の愛」』[※48]。そして『幕が上がる』の挿入歌にもなっている『走れ！』[※49] Zバージョンの2曲です。よろしくお願いします！

（円陣を組むももクロ）

百田　ではみなさーん、盛り上がっていきましょ――――！

（会場内において、ライブ演奏がスタート）

※48『猛烈宇宙交響曲・第七楽章「無限の愛」』

※４『幕が上がる』では、ももいろクローバーのメジャーデビューシングル『行くぜっ！怪盗少女』のカップリング曲として発表された『走れ！』を5人による「Zバージョン」としてアレンジした、『走れ！-Zver.-』が使われている。

@7_401
キラ

instiga
Open Lecture
hosted by Masamichi Ka
ももいろクローバーZ＋川

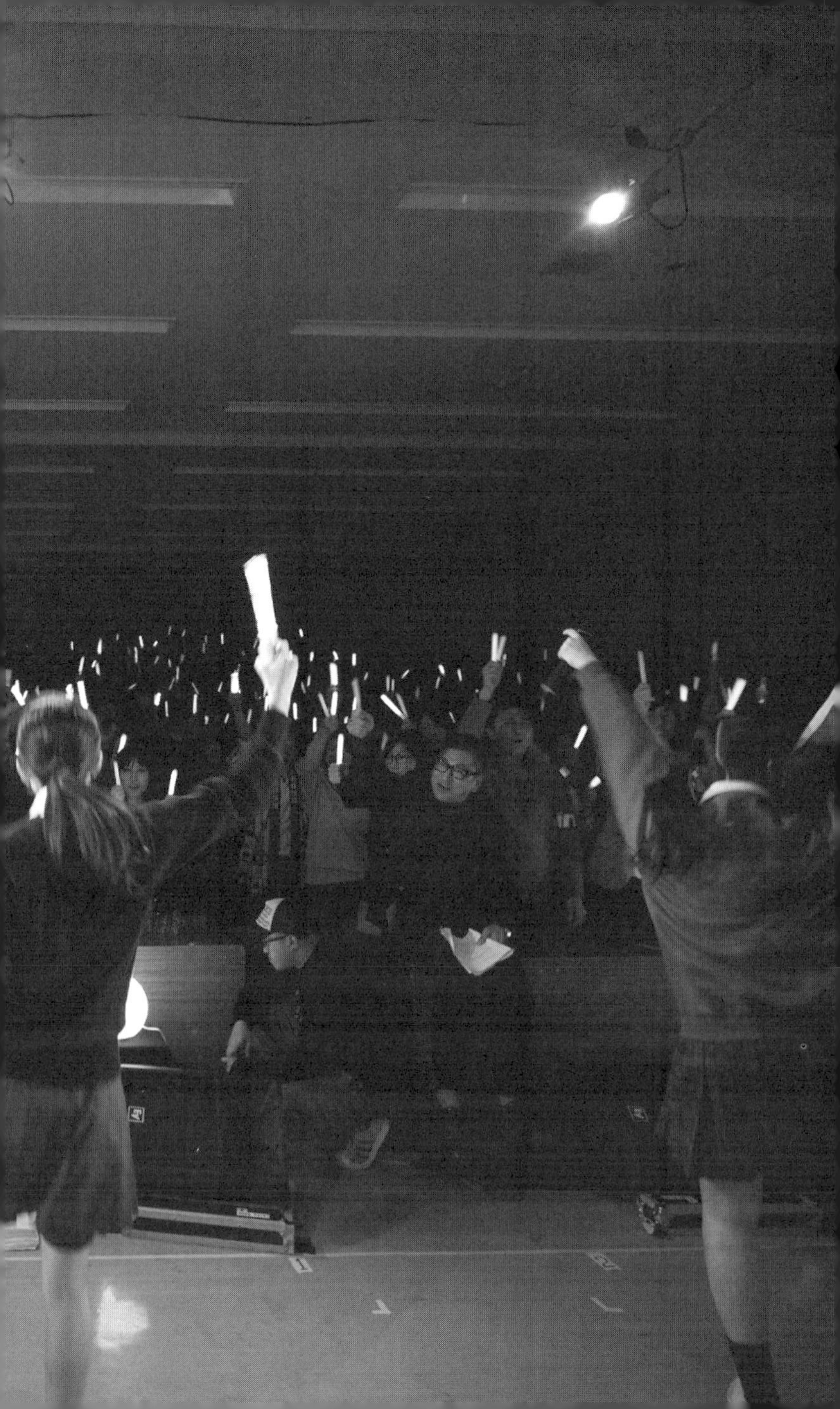

百田　ありがとうございました！　『猛烈宇宙交響曲・第七楽章「無限の愛」』と『走れ！』の2曲を聞いていただきました！　もしよかったら、みなさんもライブに来てくれると嬉しいです。今日は楽しい時間を本当に、

ももクロ　ありがとうございましたー！

片山　みんなありがとうね。片山ゼミの特製スウェットも勝手につくっちゃったので、よかったら名誉ゼミ生になって着てください。

百田　わあ、ありがとうございます。それではみなさん、最後は一緒にお願いします。私たち、週末ヒロイン、

ももクロ　ももいろクローバー……

会場全員　Z！

百田　ありがとうございました！

片山　ももいろクローバーZのみなさん、川上アキラさん、本当にありがとうございました！　みんな、大きな拍手を！

川上　どうもお世話になりました。

ももクロ　みんなばいばーい！　また会おうねー！

ももいろクローバーZ
＋川上アキラ先輩が教えてくれた、
「未来」の「仕事」をつくるためのヒント！

□メンバーの脱退は、ともすると辞めていく子に意識が流れてしまう。「Z」への改名は、続いていく「ももクロ」に寄せるための戦略ではありました。

□全年齢に受け入れられるものでないと、エンターテインメントのトップには立てない。

□音楽業界ではなく、テレビ業界の人にコンサート演出をお願いしました。

□極限状態からしか生まれない世界観がある。

□みんな自分のことは自分でやるんだ、って思っているし、それをお互いに信じてるから。だからライブで離れて踊っていても大丈夫、っていう気持ちがありますね。

□当時はただ必死なだけでしたが、全国をまわっていろいろな場所でライブをやった経験が生きているのかな。

□（振付のゆみ先生は）私たち個人の個性を生かしてくれる先生。

Music for **instigator**
Selected by Shinichi Osawa #011

1	instigator spinout	Shinichi Osawa
2	Idle Eyes (Roman Fluegel Remix)	C.A.R.
3	Music Is The Key	Weldon Irvine
4	Gatekeeper	Feist
5	Do The Wrong Thing	The Lounge Lizards
6	Flipside	Hypnotic Brass Ensemble
7	Dad Is Home	Jackie Mittoo
8	Osea (feat Koreless)	SBTRKT
9	Into The Black	Chromatics
10	Daftendirekt	Daft Punk
11	Cross Bones Style	Daughter
12	Caveman	Mike Mind
13	Tumba Rumba	A Certain Ratio
14	Nina Con Un Tercer Ojo	Lizzy Mercier Descloux
15	Three Lyric Pieces "Kyllikki" Op. 41- II. Andantino	Glenn Gould
16	For The Young Lyrics	Kindness
17	Too Many Kids Finding Rain In The Dust	Nicolas Jaar
18	E-3A	Ryuichi Sakamoto
19	aisatsana [102]	Apex Twin

※上記トラックリストはinstigator official site(http://instigator.jp)でお楽しみいただけます。

本日
小山薫堂
#012
instigator
片山正通
4.27 Mon.
www.instigator.jp
企画部
企画部

instigator

#012

Kundo Koyama

小山薫堂

放送作家／脚本家／プロデューサー

1964年熊本県生まれ。1985年日本大学芸術学部放送学科在籍中に『11PM』の構成作家として活動を開始。以降『カノッサの屈辱』『料理の鉄人』『進め!電波少年』など数多くの前衛的なテレビ番組を企画・プロデュースし社会現象を巻き起こす。2008年初めて映画脚本を手がけた『おくりびと』で第81回アカデミー賞外国語映画賞、第32回日本アカデミー賞最優秀作品賞ほか多数受賞。エッセイほか、著書多数。くまモンの生みの親でもある。京都・下鴨茶寮の主人を務めるほか、多彩な分野で活動中。企画を考える時に自分に問いかけるのはこの3つ。「それは新しいか?」「それは誰を幸せにするか?」「それは自分にとって楽しいか?」

すべては、人と人との関係だと思うんですよ。
どんなアイディアを生み出すかはもちろん大事です。
でも「生み出したアイディアが誰にたどり着くか」
は、もっと重要。

月々600円、銀行振込だったおこづかい

片山　みなさん、こんにちは。今日のゲストは小山薫堂さんです。今回「放送作家／脚本家／プロデューサー」という肩書きで告知をしましたが、それだけでは語り尽くせないほど、幅広く活動をされています。みんな知っている「くまモン」[※1]の生みの親でもあります。最後に質問コーナーがありますので、いい質問を考えておいてください。では、大きな拍手でお迎えしましょう。小山薫堂さんです。

小山薫堂（以下、**小山**）　どうもこんばんは。よろしくお願いします。

片山　薫堂さんは東北芸術工科大学[※2]で教授をされていますが、武蔵美は初めてだとか。

小山　ええ、もうちょっと近いかと思っていました（笑）。最初、遠いなあっておっしゃっていましたね。

片山　遠いところを、本当にありがとうございます。どうぞお掛けください。僕が初めて薫堂さんにお会いしたのは、東京タワーの中にある「東京カレーラボ」というお店のインテリアデザインを担当した時でした。もう10年近く前でしょうか。

小山　そうですね。２００７年3月にオープンでしたから。

片山　当時、日本の国民食の第1位がラーメンで、カレーが2位だったんですよね。大のカレー好きの薫堂さんが、カレーを1位にするべく生み出した、言葉通り、カレーのラボ（研究室）であるレストランです。

※1　くまモン　熊本県庁が2010年より「くまもとサプライズ」キャンペーンにおいて展開している、熊本県PRマスコットキャラクター。ゆるキャラグランプリ2011王者。

※2　東北芸術工科大学教授　2009年4月より2017年3月まで「デザイン工学部企画構想学科 教授 兼学科長」に就任。

小山　最近売上が心配でしたが、東京タワーでワンピース展が始まったら、一気にお客様が増えました。「結局そこか！」と思いましたけれども（笑）。

片山　やはりそういうことの影響も大きいんですね。それにしても薫堂さんは、本当にユニークな企画をどんどん形にされています。その幅広いお仕事の内容について、今日はじっくりお話を伺いたいと思います。

小山　よろしくお願いします。

片山　さっそく、少年時代のお話から聞いていきましょう。1964年生まれ、熊本県天草市のご出身です。いま子どもの頃の写真※3がスクリーンに映っていますね。まず「薫堂」というお名前からして印象的なのですが、由来を教えていただけますか。

小山　よく「芸名ですか？」って聞かれるんですけど、本名なんですよ。「小山くん、どう？」と、会議で意見を求められた時みたいな、ダジャレから来たペンネームだと思う人もいるらしいんですけど（笑）。由来というか、命名の流れもちょっと変わっているかもしれません。僕が生まれる前から、男だったら「ヨシタカ」にすると決まっていたらしいんです。祖母「ヨシコ」、母「タカコ」から名前をもらって「ヨシタカ」。読みが最初に決まっていて、当て字を探す中で「薫堂」という漢字になりました。

片山　では最初は「ヨシタカくん」だったんですか。

小山　そのはずなんですけど、当時の戸籍はふりがなが要らなかったので、最初から「クンドウくん」って呼ぶ人も結構いましたね。ただある時、保育園から「どっちが本当の名前なんですか？」と確認の電話がかかってきて、たまたまオヤジが電話を受けたんで

※3　写真

すね。そこでちょうど隣にいた僕に「名前を決めなきゃいけないらしいけど、おまえ、ヨシタカとクンドウ、どっちがいい？」って聞いたそうです。そしたら僕が「クンドウ」って答えて、その時から「クンドウ」になりました。

片山　へえー。お父さん、保育園に通う年齢の我が子に、よく選択させましたね。

小山　うちのオヤジ、変わってるんですよ。こづかいも小学生の頃から銀行振込でした。毎月６００円が、自分名義の口座に振り込まれるんです。１０００円以下では下ろせないので、２ヶ月に一度、キャッシュカードで１２００円を下ろしてました。

片山　小学生でキャッシュカード持っていたんですか？

小山　はい。ちょうど小学校4年生の頃に、世の中にキャッシュカードが出回り始めたんです。オヤジに「これからはカード社会になるから、お前のこづかいはこれだ」ってキャッシュカードを渡されて。毎月25日が父の経営する会社の給料日だったので、２か月に1回、大人に混じって銀行に行ってました。

片山　お父さん、どういう狙いがあったんですかね？

小山　うちのオヤジは金融関係の会社を経営してたんです。だからお金に馴染むことは絶対に必要だという考えがあったんでしょうね。

片山　うちの実家は家具屋だったんですが、カードは使うな、現金で支払いしろと言われて育ちました。カードはつい使いすぎてしまうから、怖いから、と。

小山　現金を持たされたこともありますよ。ええとね、3000万円の入ったカバンを、銀行まで運べって言われたんですよね。実際のカネの重さを体感させたかったのか、意図はわかりませんけど。あれは小学校6年生だったかな。

片山　怖くなかったですか？

小山　怖かったです。まわりの大人たちが、みんな泥棒みたいに見えました。

片山　その経験、大人になって、何かフィードバックされてるところありますか？

小山　『進め！電波少年』[※4]というテレビ番組の中で、メイン出演者だった松本明子[※5]さんが、原宿で1000万円の現金を運ぶ、というロケをやったんですよ。その企画は、3000万円を運んだ思い出が元になってます。ちなみにその1000万円は、日本テレビにオヤジが貸しました。番組では用意できないというので。

片山　へえー。薫堂さんの企画だから、貸してくれたんですかね。

小山　「なんか面白そうだから貸してやるよ」って。まあそういう教育が何かの役に立っているかと聞かれたら、こうしてエピソードとして話すネタになっている程度ですけど。なんでしょうね、その経験が役に立つかどうかよりも、面白そうだったらとりあえずやってみろ、という教育を受けてきました。「やらずに後悔するよりも、やって後悔したほうがいい」っていう。まあ、変わった父親ですね。

自分の誕生会の進行表をつくっていた

片山　小山さんご自身も、子どもの頃からユニークなエピソードをお持ちです。家にお風呂があるのに、わざわざ銭湯に行っていたそうですね。銭湯のどういうところがお好

※4　『進め！電波少年』　1992年7月から1998年1月まで、日本テレビ系列で毎週日曜夜に放送されたバラエティ番組。司会の松本明子、松村邦洋およびゲストが体当たりで臨むアポなしロケをはじめ、セオリー無視の過激な企画が数々の議論を巻き起こした。当初2か月だけの予定で始まったが『進ぬ！電波少年』『電波少年に毛が生えた 最後の聖戦』とリニューアルを続けながら2002年2月まで放映される長寿シリーズとなった。

※5　松本明子（まつもと・あきこ）1966年香川県生まれ。歌手、タレント、女優。1983年『♂×♀×Kiss』でアイドル歌手としてデビュー。その後バラエティ番組やモノマネ番組などにも出演。1992年から2002年まで続いた「電波少年シリーズ」の司会を務め、体当たりの企画が注目を集めた。現在は女優としても活躍。

きだったんですか?

小山　大きな湯船で、水中モーターで遊びたかったんですよね。あとは人と触れ合う場所が好きだったんです。

片山　いまでもアイディアに詰まると、銭湯へ行くそうですね。

小山　あと自宅のお風呂にもよく入ってます。

片山　入浴中に数々のアイディアが生まれるという話も以前、伺いました。

小山　毎朝1時間、お風呂に入るんですよ。「お風呂を出るまでに、今日は何がひらめくかな?」と言いながら入ると、仕事や遊びで何かしらやりたいことを思い付く。何かひらめくんだ、という自己暗示をかけてるんですよね。それはもう長年の習慣です。

片山　習慣になっているのがすごいですね。最近ひらめいた中で、特にすごいアイディアってありますか。

小山　お風呂に関連したものでは……「湯道」を開くことですね。「茶道」っていうのは、400年前に千利休[※6]が、お茶を飲むという行為をひとつの作法にしたわけじゃないですか。それがいま芸術として語られ、脈々と受け継がれている。おそらく千利休は、400年後にこんなことになるなんて考えていなかったと思うんですよ。だから僕もいま、お風呂に入る作法をつくって「湯道」として広めれば、400年後に「湯道の開祖小山薫堂」みたいに名を残すのではないかと。

片山　おお。かっこいいです。

小山　でもブランドとして確立するためには何か正義がないといけない。茶道は「お茶

※6　千利休（せん〈の〉・りきゅう）戦国時代から安土桃山時代にかけて活躍した商人、茶人。わび茶（利休流茶道、草庵の茶）の祖。1522年大阪に生まれ、織田信長、豊臣秀吉に仕えたが、1591年、天下人となった秀吉の命により自害。

を飲む」という誰もがやっている行為に対して、ブランドとして価値を持たせたから、職業を成立させ、莫大なお金が動いたわけですよね。そこでひとまず「日本の手仕事と伝統工芸を守るために、湯道を開く」と仮定して、細かい作法は、あとでつくる。

片山　なるほど。

小山　そして「熱いお湯に肩までつかり、精神的に悟りを開く」ことを目標にするのが「深船家（ふかせんけ）」。一方、「西洋風の浅いバスタブで、ぬるいお湯に入ってリラックスする」ことを目標にするのが「浅船家（あさせんけ）」。

片山　これ笑っていいところですよね？

小山　笑っていただいていいところです（笑）。まあそうして大きなふたつの流れをつくりつつ、必要なお道具や作法などを、家元である僕が決めていく。例えばお風呂に入ったらまず、洗面器をコーン！と叩く。上がる前にコーン！コーン！と2回叩く。

片山　叩くための道具が必要ですね？

小山　そうです！　洗面器を良い音で響かすための何か堅いものを、瓦の職人さんあたりにつくってもらって、それを「響石（ひびきいし）」と名付けよう、とか、まあそんなことを、この前、風呂に入っている時に考えてました。

片山　朝からすごいことを考えていますね（笑）。そういうひらめきは、実際に企画書にするんですか？

小山　なんとか仕事にして、成立させようと思っています。

片山　もしかしたら僕らはいま、歴史的なタイミングに立ち会っているのかもしれない。

小山　「湯道」の生まれた瞬間に。

片山　もうひとつ子ども時代[※7]のエピソードで面白いのが、お誕生日に関する話です。いま画面に、子どもの頃のお誕生会の写真が映っています。薫堂さんはお誕生日に格別のこだわりを持っていらして、いまも盛大にお誕生会をされるのだと関係者から聞いているのですが、子どもの頃から、ご自分で誕生会をプロデュースしていたそうですね。

小山　がんばってやってましたね。というのも、僕は6月23日生まれなんですが、クラスメイトの曽我くんと誕生日が同じだったんですよ。どっちの誕生会に出席するかによって、クラスの勢力が決まるじゃないですか（笑）。そこで曽我くんよりも楽しい誕生会だと思ってもらうために、進行表もつくって入念に準備して臨んでいました。

片山　進行表って（笑）。まるで仕事ですね。

小山　乾杯のジュースはバヤリースオレンジで、メインはとんかつ屋のカツカレー。「ご飯を食べたあとにプレゼントタイム」とか、ぜんぶ考えて紙に書いてました。もらう側なのに図々しいですね（笑）。でもそれ以上にちゃんと、おもてなしをしてましたから。

片山　それはもう、いまの仕事とかなり近いことをされていますよね？

小山　ええ、原点ですね。

「共学だとおまえは女に狂うから」と言われ、全寮制男子校に進学

片山　そんな幼少期を過ごされた薫堂さんですが、中学校受験で初めて挫折を経験され

※7　誕生会の写真

ます。熊本大学付属中学校の受験で不合格となり、公立の中学校へ。

小山　これはショックでした。それまで成績がずっと良くて、落ちるわけがないと自分もまわりも思っていたんですよ。といっても、それで何かを引きずったわけでもなく。中学で入ったバスケットボール部の練習がとにかくきつかったので、どうやってサボろうかとそればかり考えていました。

片山　でも中学生時代にSF小説も書かれていますよね。タイトルは『孤独感』。小説を書こうと思ったきっかけは、何かあったんですか。

小山　詩人の中原中也[※8]がすごく好きだったんです。まず「進研ゼミ[※9]」の課題に出てきた「サーカス」という詩に感動して、そうしたら家庭教師で来ていた高校生のお兄さんも中原中也ファンで、本を貸してくれて。完全に影響を受けて、自分も詩人気取りでした。

片山　中原中也は、ビジュアルもかっこいいですもんね。

小山　学校の先生とやりとりする連絡ノートにも、「今日、雪が降った。街が雪に覆われて、人がそれを綺麗だと言うけれども、僕はそう思わない。雪というのは、手のひらに落ちたその一粒の結晶こそが綺麗だと思う」みたいなことを書いて、「小山くん、最近、何か悩みでもあるんですか?」って心配されるくらいの（笑）。

片山　大好きだったんですね（笑）。『孤独感』は、どこかに発表されたんですか?

小山　友だちには、わりとよく見せていました。

片山　評判はいかがでした?

小山　あまり良くなかったです（笑）。小説を書いたのはそれが最初で最後ですよ。

※8　中原中也（なかはら・ちゅうや）　1907年山口県生まれ。詩人、翻訳家。17歳頃から詩作を始める。1933年東京外国語学校専修科仏語部在籍中に訳詩『ランボオ詩集』を出版。1934年自ら編纂した詩集『山羊の歌』を上梓。翻訳、詩作を続けるが、結核性脳腫瘍により満30歳の若さで夭折。

※9　進研ゼミ　ベネッセコーポレーション（開設当時「福武書店」）がサービス提供する、小学生・中学生・高校生向けの、添削式通信教育講座。

片山　読んでみたいですね。そして高校へ進学されるわけですが、熊本のマリスト学園という進学校で、こちらは全寮制とのこと。
小山　ええ。入寮はオヤジの意向でした。マリスト学園はいま男女共学になっていますが、当時は男子校だったんです。「おまえは男女共学に行ったら女に狂うから男子校に行け」「生活態度を正すために寮に入れ」と言われ、全寮制の男子校へ入れられました。
片山　お父さん、ひどい言い方ですね（笑）。寮生活はいかがでしたか。
小山　いやもう、ほんとに軍隊並みの厳しさでした。朝は6時半起床、食事をして8時から課外授業が始まります。そのまま18時まで授業を受けるんですよ。
片山　ええっ、半日、授業を受けてるんですか？
小山　休憩は入りますけど、10時間くらいは授業ですね。それから高校に入っても続けていた、バスケットボール部の練習を約45分間。その時間しか練習できないので弱小バスケ部でしたけど。練習後、19時までの15分の間に、風呂と夕食を済ませる。
片山　たった15分ですか？
小山　そうなんですよ。シャワー浴びながらトイレも済ませるみたいな。でも海外の軍隊もそんな感じらしいですね。そして19時に点呼があって21時まで自習時間。30分、唯一といっていい自由時間があり、21時半から23時までまた自習。23時半に消灯。
片山　うわー。厳しいというか、ひたすら時間に追われている感じじゃないですか。全寮制ということは、部活の先輩とも24時間、一緒にいるんですか？
小山　先輩もいました。上下関係の規律も、すごく厳しかったです。

片山　僕も専門学校が寮制だったんですけど、デザインの学校なのになんでこんなに先輩に殴られるんだろう……、っていう日々でした。当時ってひとつでも学年が上だと、どんなに理不尽なことをされようが、口答えは許されない風潮でしたよね。

小山　よくわかります。すごかったです。よく覚えてるのが、スイカ。「今日は赤いところをいっぱい残しておいてやったから」と、先輩の食べ残しを渡されるんですよ。それを「ありがとうございます！」って、赤いところがなくなるまで食べて「ごちそうさまでした！」とアタマを下げる……。完全にいじめで、いまだと新聞に載りますよ。でもそれが普通な環境でした。もっとも僕らが2年生に上がる時に問題になったので、僕らは後輩にスイカを食べさせることはできませんでしたけど（笑）。

片山　高校の野球部もひどかったです。水を飲ませてもらえないんですよ。汗をかくと「おまえ、水を飲んだだろう」って殴られる。あんなのもう二度と味わいたくないですけど、薫堂さんは意外にも、高校時代は良かったとおっしゃっていますよね。

小山　男の友情を実感できた時期でしたからね。例えば、平田輝《あきら》っていう、いまは会社員をやりながらシンガーソングライターをやっている同級生がいるんですが、彼のおかげで僕、日本大学芸術学部に入ったんです。大学受験の際、国立大学を目指していたんですけど、共通一次の結果が悪くて。悩んでいる時に「私立もいくつか受けておけよ、おれ、映画監督になりたいから日大芸術学部の映画学科を受ける。別の科の願書ももらってあるけど、受けるつもりないから、小山にやるよ」って。

片山　一緒に日大に行こう、ではなく、持っている願書を譲ってくれたんですか。

小山　ええ。「それならわざわざ願書を買わなくてもいいじゃん」と。で、「わかった、放送学科受けてみるわ」って言って受けて、僕は合格したんですけど、平田は映画学科、落ちちゃったんですよ。

片山　たしか薫堂さんは、防衛大学も受験されていますよね。

小山　ああ、それはオヤジとの賭けでした。「防衛大に受かったらクルマ買ってやる」って言われたので。でも受からなかったんですよね。あとはまあ、いろんな土地に行けるのが楽しいと思っていくつかの私大を受けました。

片山　何かしたいことがあったわけじゃないんですか。

小山　全然。ここにいるみなさんは志があるから美大に来たんだと思いますけど。僕はそういうの、全くなかったです。

片山　まあ僕も、学生時代はそうでした。

小山　唯一、志といえるようなものがあるとしたら、受験当日に、ものすごい美人に会ったことです。話しかけたら放送学科が第一希望だって言うから、「受かれば一緒にキャンパスライフが送れる！」と、僕の中でも一気に日大の優先順位が上がりまして。合格発表の日には、まず自分の番号を探してからすぐに彼女の番号をチェックしましたね。そこでふたりとも無事に合格していることを確認し、４月に意気揚々と日大芸術学部に入学しました。

片山　ええと、それは受験の日にたまたま会って、ちょっと話しただけですか？　話かけて、その日からお付き合いが始まったとかではなく？

小山　何も始まっていないです。でも運命を感じたんですよ。この子しかいない、と。ところが入学式で見かけた彼女は、一緒に受かった彼氏と仲良く歩いていたわけですが。

片山　それは残念でしたね……。

小山　最悪です。でももう他の大学を蹴っちゃってますし。もらった願書で受験して、美人につられて入学した大学で、僕のキャンパスライフがスタートしました。

片山　お父さんが心配して全寮制の男子校に入れたのも、わかる気がします（笑）。

バブル全盛、大学時代から放送作家の道を歩み始める

片山　薫堂さんは大学生の頃から、放送業界のお仕事を始められたんですよね。

小山　最初は先輩の紹介で、ラジオ局でアルバイトをしたんです。そこで『吉田照美[※10]のてるてるワイド』という番組を担当していた時、放送作家の長谷川勝士[※11]さんが「一緒にニューヨークに遊びに行こう」と誘ってくれたんですね。といっても費用は自腹なんですが、なんとかバイト代をため、ニューヨークについて行きました。そこから三宅裕司[※12]さんをはじめとする業界の方々との付き合いが始まって。ある時プロデューサーに「君は誰？」と聞かれて困っていたら、長谷川さんが「放送作家です。今度、三宅裕司さんの番組を書かせようと思っています」って言ってくれたんですよ。その後ほんとに仕事も紹介してくれて、大学4年の時には、放送作家として仕事をしていました。

片山　長谷川勝士さんは放送作家としての先輩であり、恩師でもあるわけですね。テレ

※10　吉田照美（よしだ・てるみ）1951年東京都生まれ。フリーアナウンサー、タレント。元文化放送アナウンサー。1980年10月から1987年4月までメインパーソナリティを務めた文化放送のラジオ番組『吉田照美のてるてるワイド』（平日夜3時間放送のワイド番組）は大胆なゲリラ企画や、人気アイドルが担当するコーナー番組を含め、中高生を中心に絶大な人気を誇った。

※11　長谷川勝士（はせがわ・かつし）兵庫県生まれ。放送作家、写真家。数多くのラジオ・テレビ番組の脚本・構成を手がける。

※12　三宅裕司（みやけ・ゆうじ）1951年東京都生まれ。コメディアン、俳優、タレント。28歳の時に劇団「スーパー・エキセントリック・シアター」結成。1984年2月からメインパーソナリティを務めたニッポン放送のラジオ番組『三宅裕司のヤングパラダイス』（通称ヤン

ビでも『夕やけニャンニャン』[※13]とか『11PM』[※14]といった有名番組を手がけられています。当時はどんな先輩でしたか。

小山　うーん、ザ・業界人といいますか。人は謙虚であらねばならない、ということを教えられたといいますか（笑）。いや、すごく好きですけどね。台本を書くのもすごく早かったですし。いろんなことを教えてもらって、大きな影響を受けました。

片山　大学の授業にはちゃんと出ていたんですか？

小山　要領が良かったので、3年生までに卒業に必要な単位はすべて取っていたんです。出席してないのに、試験の前にアタマのいいやつのノートを借りてAを取るっていう、まあすごくイヤな感じの学生だったと思います（笑）。大学4年の時には卒業制作だけやっていればよかったので、そんな大変ではなかったですね。

片山　でも遊びたい盛りでもあるじゃないですか。大学と仕事っていう二足のわらじを履いて、遊ぶ時間はありました？

小山　六本木が賑わい始めた頃だったので、夜な夜なディスコに行ってました。当時の遊び友だちは、仕送りをたくさんもらっている医学部のバカ息子みたいなのが多かったんです。ホントちょっとおかしくて、仕送りを100万円もらって、家賃30万円のマンションに住んでいるとか。まあ、いわゆるバブルですね。いまの学生からしたらわからないと思いますけど。

片山　うわー。僕もほぼ同世代のはずなんですけど、それはちょっとわからないです。だって、大学生ですよね？

パラ）が大ヒット。その他、テレビ番組の司会に俳優業にビッグバンド活動にと幅広く活躍中。

※13　『夕やけニャンニャン』フジテレビ系列で1985年4月から1987年8月の平日夕方に生放送されたバラエティ番組。番組内企画から生まれた現役女子高生、女子大生グループ「おニャン子クラブ」のメンバーは、ソロ活動や個別のユニットでも活躍、一世を風靡した。

※14　『11PM』（正式名称「WIDE SHOW 11PM」ワイドショー・イレブン・ピーエム）1965年11月から1990年3月まで日本テレビと読売テレビで交互に制作された、大人向けの情報番組。平日深夜23時から1時間、基本生放送。日本初の深夜のワイドショー番組であり、約24年半続いた長寿バラエティでもある。

小山　医者のボンボンで、フェラーリを乗り回してましたね。「小山くん、面白いお金の使い道を考えてよ」なんて頼まれて「世の中をあっと言わせることしよう！」っていろいろ考えましたよ。例えば、当時ＤＣブランドが流行ってたじゃないですか。

片山　はい。ニコルとかビギとかワイズとか、たくさんありましたね。

小山　そうそう、そういう有名ブランドのトレーナーを買い占めて、路上生活者に着せようとか。そうするとブランド力が下がって、結構影響あるんじゃないか、と。

片山　うわーひどい逆ブランディング。高かったですよ、当時。僕、がんばってバイトして買ってましたよ。

小山　いま思えば、首相官邸にドローンを飛ばすようなものでしょうね。あとは、錦鯉をたくさん神田川に放流したらニュースになるんじゃないかとか。それで人々が神田川の汚さに気付き、環境美化運動が起これば非常に有意義なお金の使い方だろう、と。

片山　それ、実行はしてないですよね？

小山　最後には「そんなことするより飲みに行こうぜ」となり、妄想で終わりました。

片山　ですよねえ。やっていたら大騒ぎだったでしょうね。

小山　でも、そういうことをしたかったんですよ。文化って、結局のところ、お金を持っている人がいかに上手に散財するか、にかかってるじゃないですか。余力のある人の無駄遣いによってしか、世の中のスイッチは入らない。片山さんのこのイベントだってそうですよ。講義というけれど、ポスターとか椅子とか、設営もスタッフもぜんぶ自分で用意してるんでしょう？　自腹で学生に投資してるって、素晴らしいと思いますよ。

片山　この「instigator」は自分のためにやってるとも言えるんですよね。こうして薫堂さんのような忙しい方たちに貴重なお話を聞けているので、役得です。

小山　こんな遠くまで、週に2日も通っているのもすごい。

片山　それは学生も他の先生も一緒ですから（笑）。いやいや、それにしても、自由闊達な学生時代を送られていたんですね。そんな薫堂さんの大学の卒業制作を、ここでちょっとだけ、見てもらいます。先ほどもお話に出てきた放送作家の長谷川勝士さんと、北海道帯広に住むソーセージ職人との往復書簡を軸に描かれた作品。タイトルは『普通の生活』。大学4年生の1年間をかけて制作された映像作品の冒頭部分です。

（小山さんの大学卒業制作課題『普通の生活』上映）

片山　いま映したのは冒頭の2分間だけですが、密度の濃さがわかるでしょう？　1986年の作品。学部長奨励賞も受賞されました。全編だと何分の作品なんですか。

小山　46分くらいですね。当時はものすごく綺麗な映像という印象だったけれど、いま見たら汚くて、びっくりしました。スマホで撮ったほうがよほど綺麗じゃないですか。でもこれでも当時、大学から1000万円くらいするカメラを借りて撮ったんですよ。テープも、すごくでかいのに1本につき20分しか収録できなくて。カメラ本体とテープ合わせて、計20kgくらいの機材を抱えて撮影したんですよね。

片山　当時の最先端の機材を使っているんですね。

小山　編集も、いまならパソコンでできるけれど、当時は編集所に入らないとできなかったんです。編集所を借りるのも、1時間5000円くらいして。

片山　結構な値段ですね。

小山　それをいまの人たちは、ハンディビデオとパソコンがあれば、ほぼタダで好きな映像を撮れるんですよね。羨ましい世界に生きてますね。

片山　機材は大学から借りたとはいえ、それでもかなりのコストが掛かっていますよね。

小山　製作費が200万くらいですかね。まあほとんどは旅費ですが。

片山　ロケ地が東京以外に北海道と、姫路も出てきますからね。この作品は、どういったテーマでつくられたんですか。

小山　テーマは「北海道に遊びに行きたかった」。

片山　え？

小山　僕、北海道が大好きなんです。大学時代の最後の1年間、自由に好きな作品をつくっていいなら、この機を利用して北海道に行きまくろうと思って。それで長谷川さんに「北海道に面白そうな友だちいませんか？」と聞いたら、映像に出てきたソーセージ職人のお友だちを紹介してくれたので、「あなたのドキュメンタリーを撮りたいんです！」とお願いしに行きました。まあ上手に遊ばせてもらった感じですね。

一攫千金の夢破れ、本格的にテレビの世界へ

片山　卒業制作を撮っていた頃には、もうテレビ業界へ進もうと決めていたんですか？

小山　いや、まだ思っていないです。大学4年の頃はむしろ、ものをつくるよりも、わかりやすい一攫千金を狙っていました。北海道にロケに行きつつ、先ほど話に出てきた吉田照美さんと一緒に、原宿の竹下通りにショップを出したんですよ。そこで僕が店長兼バイヤー兼店番として、Tシャツなんかを売っていたんです。

片山　稼げましたか。

小山　10か月でつぶれました。

片山　あらら。またどうしてでしょう。

小山　一言でいえば商品力がなかったんですね。お店の名前は「バナナトリップ」といって、わりと面白いことを考えていたんです。僕は安西水丸[※15]さんの絵が大好きだったので、まず水丸さんにバナナの絵を描いてもらい、それを店のいちばん目立つところに置く。それからいろいろなアーティストにバナナの絵を描いてもらって、ちょっとしたバナナギャラリーとしてブランディングしよう、という目論見があったんです。全く面識がない水丸さんに会いに行き、本当にバナナ、描いていただいたんですよ。15万円で。

片山　安西さんに絵をオーダーして15万って、破格ですね。

小山　それで当初の予定どおり、店内に飾るだけなら良かったんです。でもあまりにもバナナの絵がかわいかったので、なんと、許可もなく勝手にTシャツをつくって販売してしまって……。

片山　それは怒られたでしょう。

※15　安西水丸（あんざい・みずまる）1942年東京都生まれ。イラストレーター、漫画家、作家。電通、ADAC（ニューヨークのデザインスタジオ）、平凡社に勤めたのち、フリーのイラストレーターとして独立。朝日広告賞、毎日広告賞などを受賞。絵本、小説、エッセイなど著書多数。後進育成にも力を注いだ。2014年3月19日逝去。

小山　ええ。そんなこともしたんですが売り上げは及ばず、店は10か月でつぶれました。それから20数年を経て、改めて水丸さんにお詫びに行って、2011年からWOWOWで『W座からの招待状』[※16]という映画番組をご一緒させてもらいました。でも2014年に水丸さんが亡くなられて。実は今度、水丸さんを偲び、当時勝手につくって怒られたバナナのTシャツを、W座のコラボ商品としてビームスから復刻販売することになったんです。これが実物[※17]なんですけど。

片山　あ、ほんと可愛いですね。イラストがわりと大きい。とぼけた感じのバナナ。

小山　天下のビームスで。僕の大学時代の失敗をいまになってリカバーするっていう。

片山　すごいですね。しぶといというか。タダでは失敗しないですよね。でももし当時、このTシャツがドカーンと売れて、何十億っていう利益が上がっていたら、薫堂さんはアパレル企業の社長になっていたのかな……。

小山　いやー、あそこで失敗してよかったと思ってるんです。もし成功していたら、中途半端な金儲けに溺れる人生を歩んでいたに違いないんですよ。あの挫折は、神が止めてくれたんだと、結構真剣に思ってます。

片山　ではその失敗を経て、テレビの業界の道へ？

小山　そうですね。自分には商売は向いてないから、ものをつくろう、と。

片山　僕が最初に薫堂さんのお名前を知ったのは、やはりテレビ業界での大活躍なんです。『カノッサの屈辱』[※18]とか、『料理の鉄人』[※19]とか、先ほども話に出た『進め！電波少年』とか……、本当にテレビ史に残るような番組を続々と世に送り出されて。

※16　『W座からの招待状』　2011年より毎週日曜夜9時WOWOWシネマで放映されている映画情報番組。有名無名にかかわらず、「本当に観てほしい映画」を紹介する。小山薫堂、安西水丸がナビゲーターを務めていたが、安西氏亡きあと、2015年4月にリニューアル。ナビゲーターは小山薫堂、イラストレーターの長友啓典の新コンビに。

※17　実物

※18　『カノッサの屈辱』　1990年4月から1991年3月までフジテレビ系列で深夜に放送された情報番組。教育番組風を装った講義形式で、現在日本のマーケティング文化や各種業界の動向を、歴史上の出来事になぞらえて紹介。

小山　『進め！電波少年』は面白かったですよね。自分で言いますけど。

片山　みんなが知ってる有吉弘行[20]さんの「猿岩石」時代のデビューも、『進め！電波少年』の番組内企画です。

小山　いまだとコンプライアンスに引っかかって止められるようなことを、ずいぶんいろいろとやりました。

片山　「こんなことしていいの？　いやダメだよね？」と思う企画ばかり。

小山　どこまでやれるかのチキンレースみたいなところもありましたね。「容疑者にカツ丼を差し入れしたい」というネタは、プロデューサーが怒られてガチ泣きしましたから。

片山　それは放映されていませんよね。どういう内容ですか？

小山　松村邦洋[21]さんがカツ丼を持って拘置所に行く企画です。入口で警備員に止められるというオチを考えていたんですが、松村さんが出前持ちの格好をしていったら、本当に中に入れちゃって、取調室まで行っちゃったんですよ。

片山　えっ、カメラは？

小山　カメラは外で待機でした。入れるとは思ってないから。それが大問題になって、プロデューサーが怒られて。大人がわんわん泣くシーンを生まれて初めて見ましたね。

片山　怒られて当然ですが、お気の毒ですね……。でも薫堂さんの関わる番組って、そういう、見ているほうがハラハラするようなことが多いんですよね。それまでのテレビ番組のセオリーみたいなものを壊していくっていうか。テレビ番組の新しい概念を生み出したといってても過言ではないと思います。

※19　『料理の鉄人』　1993年10月から1999年9月までフジテレビ系列で放送された、お料理バトルを主題としたバラエティ番組。「鉄人（アイアンシェフ）」と称するレギュラー料理人に、「挑戦者」であるゲスト料理人が挑み、毎回異なるテーマ食材を扱い勝負する。

※20　有吉弘行（ありよし・ひろいき）1974年広島県生まれ。お笑い芸人、タレント。1994年に森脇和成とお笑いコンビ「猿岩石」を結成。1996年『進め！電波少年』内のヒッチハイク旅の企画で一躍大ブレイクする。2004年に「猿岩石」解散、ピン芸人としてバラエティ番組などで活躍中。

※21　松村邦洋（まつむら・くにひろ）1967年山口県生まれ。ものまね芸人、タレント。1992年『ビートたけしのお笑いウルトラクイズ』出演や『進め！電波少年』での司会で人気を博す。以降、俳優、タレントとして幅広く活躍。

初の映画脚本『おくりびと』でアカデミー賞受賞

片山　そうして放送作家として活躍しながら、脚本家として映画にも携わることになります。テレビだけでやっていこうとは、思わなかったんですか。

小山　僕は別に、テレビが好きで好きでたまらないっていうわけではないんですよ。人を楽しませることができるなら、アウトプットは何でもいいんです。

片山　初めて脚本を書かれた映画『おくりびと』※22では、興行収益64・6億円の大ヒット。第81回アカデミー賞外国語映画賞、および第32回日本アカデミー賞最優秀作品賞など国内外の映画賞を多数受賞します。初めて書いた脚本で。とんでもないことですね。

小山　自分でもこんなことになるとは思いませんでした。最初に出資をすすめられた時、即答で断ったんですけど、しておけばよかったです。我ながら商売の才能がないなと。

片山　こちらの作品はなかなか難産というか、紆余曲折があったというお話も聞きました。もともとは原作となる予定の『納棺夫日記』というエッセイ集があって、映画化にあたり、薫堂さんが脚本を手がけられるというお話だったんですよね。でも結果的に、著者の了解が得られず、全く違うストーリーになったのだと。

小山　僕のところに話が来た時点では、『納棺夫日記』をベースにしつつ、納棺師が主役であれば物語は自由にアレンジしていいと言われていました。ところが出来上がった脚本を見た著者が「自分の書いたものと全然違う」と激怒してしまったんです。普通、

※22　『おくりびと』2008年公開の日本映画。監督：滝田洋二郎。脚本：小山薫堂。主演：本木雅弘。『納棺夫日記』（青木新門著）を読み感銘を受けた本木雅弘が自ら映画化を提案、許可を得るが、脚本に原作との相違点があることから著者の許可が下りず、別の作品としてつくられることになった。第81回アカデミー賞外国語映画賞、第32回日本アカデミー賞最優秀作品賞など受賞多数。

原作者が怒ったらそちらを立てるんですけど、プロデューサーの小口健二さんが、僕の書いた脚本のほうが面白いと言って、最終的に原作者と決裂したんですよ。それでタイトルも変更して、もう一度、新しい作品として描き下ろしたのが『おくりびと』でした。
片山　大変な経緯があったんですね……。
小山　小口さんは主演の本木雅弘[※23]さんの事務所の社長さんだったんですが、彼がそうして守ってくれなかったら生まれなかった作品です。試写会でも完成した作品を見てすごく喜んでくれました。でも小口さんは、公開直前に亡くなられてしまったんです。
片山　えっ。
小山　それで本木さんが、小口さんの写真をタキシードに入れてアカデミー賞の会場に行き、受賞を報告した。喜びの裏に、実はそういうドラマがありました。

ブランドってなんだろう？

片山　現在[※24]、東北芸術工科大学で教鞭も執っていらっしゃいます。２００９年に誕生した企画構想学科。これはそもそも薫堂さんが立ち上げて、現在も学科長を務めているんですよね？
小山　好きな学科をつくっていいと言われたので、企画をテーマにした学科を考えました。１学年50名くらいで、いわゆるコンテンツの企画や、商品開発、ブランド戦略、地域プロデュースといった、企画全般を取り扱っています。

※23　本木雅弘（もとき・まさひろ）１９６５年埼玉県生まれ。俳優。１９８１年テレビドラマ『２年Ｂ組仙八先生』でデビュー。１９８２年、アイドルグループ「シブがき隊」の「モックン」として、布川敏和（フックン）・薬丸裕英（ヤックン）とともに歌手デビュー。１９８８年「シブがき隊」解散後、俳優活動を開始。同年『ファンシイダンス』で映画初主演。自ら企画を持ち込み、主演を務めた『おくりびと』が２００９年にアカデミー賞外国語映画賞ほか多くの賞を受賞。

※24　instigator#012 開催、２０１５年４月27日時点。

片山　授業ではどういうことをされているのでしょうか。

小山　片山さんのゼミもそうだと思いますけど、実践的な場にしようと思っています。例えば商品企画だと、いま実際にお菓子メーカーから新製品開発の依頼を受けていて、店頭でのキャンペーン展開まで含めてプロジェクトが進んでいます。

片山　実際に市場に出る商品なんですか？

小山　ええ、テレビCMもつくる予定です。

片山　それはコンペ形式でやるんですか？　それともみんなで話し合って？

小山　学科内コンペです。すでに市場に出ている製品もいくつかありますよ。

片山　もうひとつ、面白い試みだなと思ったのが、入学生に100枚の名刺を進呈するそうですね。こちらも説明していただけますか。

小山　入学した学生全員に、僕が直筆でその子の名前を書いた名刺[※25]を、100枚ずつあげるんです。裏に「1/100」という文字が刷ってあるので、自分で1から100までの数字を書いて、誰かに渡す。でもこの名刺はバラまくものではなく、4年間で、自分の人生に影響を与えると思った人にだけ渡すように言ってあります。4年間で100枚なので年間約25枚、ということは月に約2枚。一か月にふたり、自分の人生の重要なポイントになるような人に出会う努力をしてほしい、という思いで始めました。

片山　素敵な話ですね。

小山　当初、みんな当然、1/100は僕のところに持ってくると思ってたんですけど、なんか6とか、28とか、微妙なの持ってくるんですよ。初年度は自腹で、わざわざ銀座

※25　名刺

の中村活字[※26]に頼んでつくったのに、冷たいですよね（笑）。
片山　なかなか伝わらないものですね（笑）。でもそのうち、重みがわかりますよ。しかも学生の名前は、写真を見ながら書かれているんですよね？
小山　そうなんです。それぞれの生徒の写真を前に置いて、菊池だったら菊池のことを考えて、「大きくなれよ」とか思いながら書いています。
片山　50人分をそうやって書くのは大変ですよね。
小山　それともうひとつ、うちの学科の大きな特徴は、入学してすぐに自分たちの学年の名前をつけることなんです。ちなみに２００９年度の第1期が「idip」、2期生が「SPOOL」、3期生が「Cirius」、4期生が「Lidify」、5期生が「minette」、6期生が「vivi」、7期生はいま決めているところですね。そうやって会社名のように自分たちで名前をつけ、1学年の約50人でひとつの会社に所属しているような気持ちで、課題に取り組んでほしいと思っています。実際の課題でも、1年生が3年生より良い企画を出してきたら、そちらを採用しますから。
片山　名前がつくと所属意識も愛着も強くなりますよね。
小山　僕のいちばんの理想は、4年間学んで卒業する時に、その名前の会社を誰かが立ち上げ、そこにみんなが就職をすることなんです。
片山　ロマンチックですよねえ。それから授業の話ですごく印象に残っているのが、「鈴木さんのカレーの話」なんですよ。もう一度、話していただけませんか。
小山　かなり初期の授業ですけれども。昼休みのあと、午後一番の授業にカレーライス

※26　中村活字　東京都銀座にある老舗活版印刷店。1910年に創業。その丁寧な手仕事は高く評価されており、各界の著名人からの名刺印刷の注文が絶えない。

を持っていって「このカレーを食べたい人、手を挙げて」と言いました。誰も手を挙げない。「このカレーをつくった方を紹介します」と言ったら、ひとりのおばちゃんが入ってくる。「お名前は？」「鈴木です」。「では鈴木さんのつくったこのカレーを食べたい人」と聞いても、誰も手を挙げない。

片山　お昼を食べたばかりですもんね。

小山　そうなんです。学生も「なんで？」って表情で。「このカレーにまつわるエピソードはありますか？」と聞くと、女性は「このカレーはうちの息子の大好物なんです」と。まだ手は挙がらない。そこでどんどん、質問していきます。「息子さんはどこにいらっしゃるんですか？」「アメリカに行ってます」。「アメリカで何をされてるんですか？」「野球をやっています」。「息子さんのお名前は？」「イチローです」。そこで「このカレーを食べたい人」って尋ねたら、全員が手を挙げました。

片山　まさか鈴木イチロー[※27]選手のお母さんだとは思いませんよね。確かにそれは食べてみたい。つまり付加情報によって、一瞬にして価値が変わったっていうことですよね。

小山　イチローのお母さんに来ていただくのが、いちばん難しいポイントでしたけど。

片山　本物ですよね？

小山　もちろん（笑）。偽物だったら意味ないです。カレー、めちゃくちゃ美味しかったですよ。ブランドって感情移入なんですよね。料理だって同じで、美味しく感じるか、食べたくなるかどうかが何で変わるのか、まあわかりやすく伝えられたかなと。

片山　まさにブランディングですね。

※27　イチロー（本名：鈴木一朗／すずき・いちろう）1973年愛知県生まれ。プロ野球選手。1991年に愛知工業大学名電高校からドラフト4位でオリックスに入団、7年連続首位打者となる。2000年11月フリーエージェントとしてシアトル・マリナーズに移籍。2001年アメリカンリーグの首位打者、盗塁王、新人王や日本人初のMVPを獲得。

小山　ブランドっていえば、先日、うちのオヤジに親孝行しようと思って「欲しいものあるか」と尋ねたら、なんか、怪しい健康器具がいいっていうんですよ。電気が通って て、座るだけで健康になるとかいうマシンで、お値段50万円。

片山　マッサージ機なのかな。高いですね。

小山　いや、明らかにおかしいんですよ。マッサージ機ですらなくて、マットみたいなものなんです。「それで50万円はヘンだよ」って反対しても「売ってる人がすごくいい人で、家族のように世話をしてくれる、オレの話も聞いてくれる。彼になら騙されてもいいから、欲しい」って言うんです。それって、ブランドだと思ったんですよね。

片山　凄腕の詐欺師は完璧なエンターテイナーとして楽しませてくれるから、騙されているとわかっていてもお金を払ってしまう……という話をよく聞きます。それに近いのかもしれないですね。サービスにお金を払いたいというか。結局、買ったんですか？

小山　買いませんでした。でもそのあと、オヤジがふと「おまえの着けてるその時計、何百万円もするんだろう」って言ってきまして。「おまえのほうが騙されているんじゃないか？　オレの時計は1万5000円だけど、じゅうぶん役割を果たしているし、1度も時間が狂わないぞ」と。そう言われた時、確かに、ブランドって「いかに人を麻痺させるか」でもあるんだな、と改めて思いました。

片山　その人が納得するかどうか、それだけですよね。

小山　宗教に近いですよね。

プロでの通算安打世界記録保持者。マイアミ・マーリンズ所属。好きな食べ物はカレー。

老舗ホテルの顧問であり、京都の料亭の主人でもあり

片山　ここからはプロデューサーとしての小山薫堂さんの活動について伺います。まず栃木県日光市にある、日光金谷ホテル[※28]。いま写真[※29]が映っていますが、こちらは顧問として、ブランディング全体を統括されてます。国内で現存する最古の西洋式ホテルで、建築も素晴らしいですよね。こちらの顧問になられたのは、どういういきさつで？

小山　最初は一般客として宿泊して、ちょっと気になったところを「もっとこうしたらいいんじゃないですか」とアドバイスしたんです。現オーナーは創業者のひ孫にあたる女性なんですが、彼女はずっと自由の森学園[※30]で事務局長をされていたらしいんですね。しかし社長が不在になり、実家に呼び戻された。いわば素人社長として就任したちょうどのタイミングに僕がやってきて、それをきっかけに「顧問になりませんか」と声を掛けられました。それが10年くらい前ですね。

片山　顧問になってから、どんなアドバイスをされたんですか？

小山　最優先課題は「金谷ホテルのスタッフが、金谷ホテルを好きになること」でした。当時のスタッフは、シャイでお客様に話し掛けるのが苦手だったんです。ホテルマンとしておかしな話ではありますが。それなら、お客様のほうから話し掛けてもらえるようなシステムをつくればいいのではないか、と考えました。

片山　なかなかの難題ですよね。特に用がなければ、ホテルの人に話し掛けたりはしな

※28　日光金谷ホテル　栃木県日光市上鉢石町にあるホテル。1873年6月に開業。現存する日本最古の西洋式クラシックホテルとして、登録有形文化財、近代化産業遺産に指定されている。

※29　写真

いですし。しかも、スタッフ側の意識改革にもなるような……。

小山 そこで考えたのは、やっぱりここでも名刺[※31]でした。社員は全員、名刺を持っています。その裏に、金谷ホテルの中で自分がいちばん好きな場所の写真を載せることにしたんです。みんな違う場所なんですよ。例えば清掃係のおばちゃんは、昭和39年から使っているゴミ箱を選んでいました。もちろんフロントとか庭園とか、メジャーな場所もあります。そして館内にこんなポスターを貼ったんです。「社員の名刺を集めると、金谷ホテルの小さな写真集が出来上がります。みなさまどうぞ、スタッフに名刺をおねだりしてみてください」と。

片山 お客さんにとって、名刺をコレクションする楽しみも生まれるんですね。

小山 そうです、小さな子どもがポケモンのカードを集めるように。するとお客さんは社員に「名刺をください」と話しかけるようになります。会話が増えればコミュニケーションに対しての自信もついてきますし、どうしてその場所を選んだのかを繰り返し説明することで、自分のホテルに対する愛情も深まる。

片山 名刺は何種類あるんですか？

小山 約30種類ですね。いまでも続いています。

片山 それと、カレー好きの薫堂さんらしいお話なんですけど、金谷ホテルのカレーを復刻されましたよね。

小山 ええ。金谷ホテルのいちばんの財産は、日本最古の西洋式ホテルであること、つまり、ホテルが紡いできた時間です。そこで戦争中もアメリカ軍から隠し通していたと

※30 自由の森学園 埼玉県飯能市にある私立中学校・高校。定期テストなどを基本的に実施しない、制服・校歌・校章・生徒手帳がない、150人を収容できる寮がある、すべての行事は、生徒による実行委員会と、教員による実行委員会の協議によって行われる、など、生徒の自主性を尊重する方針が特徴。

※31 金谷ホテルの名刺

いう蔵を探ってみたら、１００年以上前の料理のレシピがたくさん出て来たんですよ。その中のカレーレシピを「百年ライスカレー」と名づけて、売り出しました。

片山　ネーミングもいいんですよね。金谷ホテルは今後も、伝統を守りながらどんどん進化していくのでしょう。さて、次の写真[※32]を見てください。こちらはがらりと雰囲気が変わって、京都の老舗料亭・下鴨茶寮[※33]です。薫堂さんは本当に幅が広くて、２０１２年に下鴨茶寮の経営権を買い、ご主人にもなりました。これはどういういきさつですか？

小山　最初「料亭のブランディングに興味ありませんか？」と声を掛けられました。面白そうだからと乗ったんですけど、やっているうちに80歳を過ぎている女将に「跡継ぎもいないから、小山さん、買ってくれないか」と言われたんです。そんなお金ないですから、某ＩＴ企業の社長さんを紹介したんですよ。でも女将は、「あんたに売りたいんや！お金ないなら、銀行に借りなさい！」って。そこまで言われたら断りきれなくて、銀行からお金を借りて、経営権を買いました。

片山　いやでも、すごい判断ですよね。自分が経営するのは、ブランディングやプロデュースとは違うでしょう。

小山　違いますね。まあそこまでして買った理由は、海外で通用する名刺になると思ったからなんです。海外で自分の仕事について伝える時、「東京で企画会社をやっていて、テレビでこんなことをやって……」と説明しても誰もわからない。でも「京都の老舗の料亭を経営している」と言えば、「おまえ、すごいじゃないか」とすぐ通じるので。

片山　なるほど。「京都」「老舗」「料亭」とイメージがわかりやすいんですね。

※32　写真

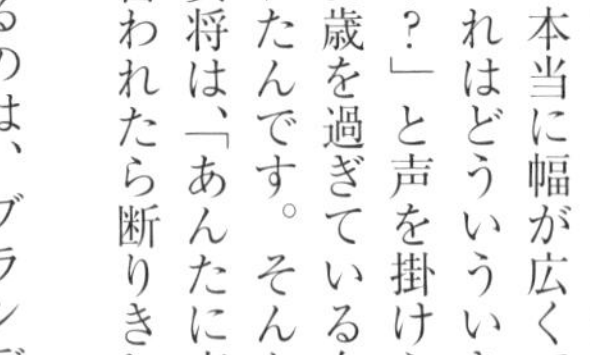

※33　下鴨茶寮　京都市左京区にある、１８５６年創業の老舗料亭。五代目女将、佐治八重子より「後継者は京都や料亭を理解し、次代に継いでゆける人でなければ」と切に依頼され、２０１３年より小山薫堂が経営者兼主人となった。伝統を

小山　「ゲイシャがいるのか！」なんて間違った期待をされることもありますけど（笑）。以前、フランシス・コッポラ監督[※34]が来日した時に、下鴨茶寮にお迎えして一緒に食事をしたんです。映画関係者がアタックしても絶対に会えない巨匠なんですけど、京都の料亭のオーナーだとハードルがぐっと下がる。

片山　京都の老舗料亭の力、すごいですね。

小山　そうして食事をしている最中にさりげなく「実は僕は、アカデミー賞を獲ったんだけど」って切り出したら、「映画もやるのか、じゃあ、今度はうちに遊びに来たらいい」と言ってくれて、本当にコッポラさんのご自宅に遊びに行って、娘のソフィア[※35]の部屋に泊まらせてもらいました。あ、ソフィアはいないですよ、もちろん。

片山　それはそうでしょう（笑）。でもすごい。

小山　その時僕は、心の中で女将に「ありがとう」とつぶやきましたね。

くまモンが愛される理由

片山　このように多彩も多彩、様々なジャンルでご活躍の小山薫堂さんと非常に仲の良いスペシャルゲストを、本日、お招きしています。くまモン、どうぞ！

（くまモン、観客席に手を振りながら登場）

守りつつ、斬新な手法で新しい風をもたらし、注目を集めている。

※34　フランシス・フォード・コッポラ（Francis Ford Coppola）1939年アメリカ合衆国ミシガン州デトロイト生まれ。映画監督、脚本家、実業家。8歳より8ミリ映画を撮り始める。代表作に『ゴッドファーザー』シリーズ、『地獄の黙示録』など。映画監督、脚本家としてアカデミー賞を多数受賞。

※35　ソフィア・コッポラ（Sofia Coppola）1971年アメリカ合衆国ニューヨーク州ニューヨーク市生まれ。映画監督、脚本家、女優、ファッションデザイナー。フランシス・コッポラの娘。代表作に『ロスト・イン・トランスレーション』など。

片山　知らない人はいないよね。熊本県ＰＲマスコットキャラクターのくまモンです。くまモン、ようこそ武蔵美へ。

くまモン　（手を振る）

小山　僕ねえ、なんか嫌なんですよ。最近、こいつの人気に乗っかっているようで（笑）。

片山　いやいや、そうおっしゃらずに（笑）。薫堂さんはくまモンの生みの親でもあるわけですけれど、どういうきっかけから、くまモンは誕生したのでしょうか。

小山　おまけだったんですよ。

片山　おまけ？

くまモン　（小山氏をぽかぽか叩く）

小山　ちょっとくまモン、静かにしててね。……いまから4、5年前に、九州新幹線全線開業をきっかけとした熊本県の観光キャンペーンを任されたんです。それで考えたのが、熊本の外に発信するのではなく、熊本に暮らしている人が、もっと熊本のことを好きになるようなキャンペーンだったんですね。地元の良さって、ずっと住んでいるとわからなかったりするじゃないですか。

片山　そうですよね。

小山　だから身近にある場所やものの良さを再発見できるような、自分たちの持っているサプライズな価値を探す内容にしたいと思って、「くまもとサプライズ」というコピーを考えました。その「くまもとサプライズ」のロゴマークを水野学さん[※36]に依頼したんですね。ただデザインの報酬額が、水野さんにしては格安で引き受けてくれたんですけど、

※36　水野学（みずの・まなぶ）1972年東京都生まれ。クリエイティブディレ

それでも地方行政からすると高額だったんですよ。

片山　そこにギャップがあったわけですね。

小山　シンプルなロゴの場合、往々にして起こりうるのが「あんなに高いお金を払っているのに、これなら私でも描けます」という反応なんです。じゃあどうぞ、と言っても描けないいんですけど。

片山　あるある。

小山　ですよね。そういうツッコミをさせないために、「おまけも描いておきました」と言って水野さんが持ってきたのが、くまモンだったんですよ。だからくまモンは「サプライズ」に、驚いた表情をしてるんです。

くまモン　（踊る）

小山　それでロゴと一緒にくまモンのイラストをつけて提案したら、すごくウケが良くてお得感を感じてもらえたんですよね。

片山　かわいいもんね、くまモン。

くまモン　（会場に向けて愛嬌を振りまく）

小山　ただ「熊本にクマは居ないのに、なぜクマなんだ」と議会で問題になったりもしましたが。ちょうど僕が『おくりびと』でアカデミー賞を獲ったあとだったこともあり、『くまモン』って名前がいいと思うんですよ」と言ったら、話がスムーズに進みました（笑）。僕は正直その時、このヒトがここまでヒットするとは全然思っていませんでしたけど。（くまモンにぽかぽか叩かれる）痛い、くまモンわかった、わかったから。

クター。慶應義塾大学環境情報学部特別招聘准教授。1996年多摩美術大学グラフィックデザイン科卒業。1998年 good design company 設立。農林水産省のロゴデザイン、NTTドコモ「iD」「DCMX」のトータルディレクションほか、様々なジャンルでデザイン、トータルブランディングを行う。世界三大広告賞の「One Show」で Gold, Sliver, Bronze、「CLIO Awards」で Bronze 受賞ほか国内外で受賞歴多数。

instigato
Open Lecture —hosted by Masamichi Katayama @

片山　くまモンが反論してる（笑）。展開の仕方も新しかったんですよね。著作権フリーにしたから、いろんな商品にくまモンが使われて、全国に広まっていったという。

小山　そうなんです。申請さえしてもらえれば使用料はかかりません。そう告知をしたら、申請受付開始と共に熊本県庁に行列ができました。「やった！」と思って県庁に電話して「くまモン商品第1号は、なんですか？」と聞いたら、「仏壇です」って……。

片山　それは、意外なところが来ましたね（笑）。

小山　ちょっと何を言ってるのかわからないと思ったんですけど、仏壇の扉を開くと、家紋の入る位置にくまモンの顔があるそうです。僕はそこで、県庁の人に怒ったんですよ。「ブランドのつくり方として間違えている」「なんで仏壇なんだ」と。そしたら「いやあ、断る理由がなかったとですよね〜」って。正直、そこでくまモンは終わったと思いました。でもしぶとくて、終わらなかったんですよね。不思議です。

片山　良かったね、くまモン。

くまモン　（大きく頷いて会場に手を振る）

片山　くまモンの熊本県への経済波及効果というのがまたすごくて、2年間でなんと、1244億円！　これは大河ドラマで舞台になる以上の経済波及効果だそうです。僕も以前、歩くくまモンのぬいぐるみをふたつ買いましたよ。自分の声を吹き込むと、その言葉をしゃべりながら歩くんです。

小山　へえ〜。

片山　そんなことになると思ってましたか？

小山　思ってません。思っていたら、印税契約してましたもん。

片山　確かに。熊本県への観光客数も、２年間で19万人増加だとか。くまモン、本当に人気だね。

くまモン　（誇らしげ）

小山　くまモンの誕生日は3月12日なので、毎年3月にくまモン誕生祭をやってますよ。この前も、全国からくまモン誕生祭を見学するツアーが組まれていました。

片山　すごいなあ。ゆるキャラブームってもう定着していろんなキャラクターがいますけど、くまモンは別格というか、群を抜く存在ですよね。

小山　でもまあ、最近はふなっしー[※37]も人気ありますからね。あ、そういえば、くまモンは、ふなっしーのモノマネもできるんですよ？

片山　ええっ！　くまモン、やってみてくれる？

くまモン　（ふなっしーの真似をして激しく動く）

片山　あははは！　すごい！　そっくり！　いやあ、ありがとう。

小山　くまモンはホント、こんなふうにゆるーい感じなんですけど。まあ、これからはちょっと海外も狙っていきます。

片山　くまモン、ありがとう！　ばいばい！

（くまモン、手を振ったり、おじぎをしたりしながら会場の外へ）

※37　ふなっしー　千葉県船橋市「非公認」のご当地キャラクター。落書きのようなゆるいフォルムでありながら奇声を上げげたり、激しいアクションをこなしたりする、梨の妖精。

片山　薫堂さんはくまモンを通じたコミュニケーションをいろいろ考えられています。その中のひとつに、「くまモン座」※38という、ショートフィルムの上映権を譲渡するプロジェクトがあります。

小山　これまでに熊本を舞台にしたショートフィルムを2本つくっているんです。1本目が、２０１１年の九州新幹線全線開業時に制作した『くまもとで、まってる。』。その続編が２０１４年制作の『ふるさとで、ずっと。』。1本目はユーチューブで拡散して見てもらう方法を取りました。でも2本目はちょっと趣向を変えて、熊本やくまモンのコアなファンの方に、このショートフィルムを上映する映画館の支配人になってもらおうと思ったんです。つまり1万円で、上映権とＤＶＤと、支配人の証であるくまモントロフィー、それから映画館らしさを出すためのチケットやポスターが一式、届きます。

片山　そこにはどういう狙いがあるんですか。

小山　テレビがまだ家庭に普及していなかった頃って、1台のテレビを家族全員で、あるいは近所の人たちが集まって見ていたんですよ。すると見終わったあとにも、感想を言い合ったりするコミュニケーションが生まれますよね。

片山　まるで映画の上映会ですね。

小山　そうです。そういう、いわば映画館ごっこをしてもらえたらと思って、「くまモン座」というアライアンスをつくりました。

片山　ちなみに僕も支配人の資格を得たので上映権を持っているんです。そこで、いまから約20分間、この４０１号室を「くまモン座」にします。みんなで見ましょう。とて

※38　くまモン座

も穏やかな、かわいらしい映画です

（『くまもとで、まってる。』『ふるさとで、ずっと。』上映）

小山　これは熊本のPRではあるんですが、観光名所や名産品ではなく、熊本で暮らす普通の人たちの暮らしを撮ろうと思いました。地元の人の生き様を映して、そこに共感してもらうことこそが、その土地へ旅してみたくなるモチベーションにつながるんじゃないかと。と言いつつ、実はこれで県外から人を呼ぼうという気はあまりなく、熊本の人たちに「ああ、こういうところに住んでいて良かったな」と思ってもらうことが最大の目的です。

片山　お話を伺っていると、薫堂さんの企画術の根底にあるものって、テクニックとかスキルとかじゃなく、人を喜ばせたという気持ちなんだなって思います。

小山　片山さんもこうして手間もお金もかけて特別授業をして、学生たちの役に立つのが、嬉しいわけじゃないですか。自分がやったことによって、人が感動してくれる、幸せになってくれる、あるいは喜んでくれる。それが自分も嬉しい。これって、本能だと思うんですね。

『鳩よ！』が休刊した時にほくそ笑んだ

片山　今日もとても良いお話を聞くことができました。ここで学生からの質問コーナーに移りたいと思います。小山薫堂さんに聞きたいことがある人は、目立つように手を挙げてください。はい、では最初に手を挙げた、中央の列の彼女、どうぞ。

学生A　芸術文化学科の4年です。素晴らしいお話をありがとうございました。実は先日、山口県に旅行に行ったんですが、夜行バスを乗り過ごしてしまって。なんとなく、行くつもりのなかった中原中也記念館[※39]に入ってみたんです。そこで出合った中原中也の言葉に、すごくハッとさせられて……。そういうふうに、偶然の出合いから起きた出来事があったら、教えてください。

小山　うーん、そうですね。例えば……以前、銀座の寿司屋で偶然隣に座った、ランディというロサンゼルス在住の紳士と意気投合したんです。名刺を交換したらすぐに「また来月東京に行くよ」とメールが来た。「じゃあ案内するよ」と焼肉屋に連れて行ったらとても喜んだので、「いつでも案内するよ」とメールを送ったら「また来月も行く」とすぐに返事が来て、翌月は京都の料亭へ。さらに翌月も、そのまた翌月も、結局それから毎月、僕は彼に食事をおごり続けたんです。

片山　完全にご招待だったんですか。

小山　そうなんです。しかも高い店ばかり。うちのスタッフは「絶対に詐欺師だ」「た

※39　中原中也記念館　1994年に開館した、山口県山口市湯田温泉にある博物館。中原中也の生家跡地に建てられ、遺品、遺稿が展示されている。

かられているだけだ」と怪しんでました。そんなある時、ロサンゼルスに行く用事ができたので、ランディに連絡してみたんですよ。そしたら「ぜひうちに寄ってくれ」とビバリーヒルズの住所が送られてきた。すっかり疑っていた僕は、約束の前日にこっそりその家を見に行ったんです。

片山　そこにちゃんと住んでいるかを確かめに？

小山　巧妙な詐欺師だったら、ビバリーヒルズの邸宅を1日レンタルくらいするんじゃないかと思って。そうして家の近くまで行った時、門戸ががちゃんと開いて、ランディとその家族が出てきました。僕は走って逃げました。

片山　よかった、本当の家だったんですね。

小山　翌日、約束の時間にしれっと訪問したんですが、もうすごい大金持ちなんですよ。プールサイドにあるジムが、うちと同じくらいの広さ。暖炉なんか7つくらいありましたからね。のちに『おくりびと』がアカデミー賞を受賞した時にパーティーを開いてくれて、うちの社員約20名もお招きいただいたんですけど、もうそれはそれは豪華絢爛。僕がごちそうした分なんて、一夜にしてチャラどころか、大きな借りができてしまった。

片山　20名分ですものね。

小山　そこでなんとか恩返しをしたい、ランディをまた喜ばせたいと思って、赤坂アークヒルズの裏に「ＲＡＮＤＹ」[※40]というカフェをつくりました。日中はカフェ、夜はビストロです。彼はランディ・カッツという名前なので、「ランディカツサンド」というカツサンドをメインメニューにして。

※40　ＲＡＮＤＹ　六本木アークヒルズ内、桜並木に面したオープンテラスのカフェレストラン。

片山　桜並木の中ほどにある、緑に囲まれた、明るいイメージのお店ですよね。まさか名物カツサンドの由来が、人の名前そのままだとは。

小山　看板には「RANDY Beverly Hills TOKYO」って書いてあるので、知らない人は本店がビバリーヒルズにあると思うらしいです。でもあるのはランディの自宅なんですよ（笑）。店を出して3か月くらいして、サービスもこなれてきた頃にまたランディが東京に遊びに来たので「最近、いい店ができたんだよ」と言って、連れて行ったんです。看板を見た瞬間、ランディが「オーマイゴット」と言ったのを聞いて、よし、と思いました（笑）。質問からズレたかもしれないけれど、寿司屋で偶然、隣に座ったがために、店まで出してしまったという話でした。

学生A　ありがとうございました（笑）。

小山　中原中也記念館に偶然行けてよかったですね。僕もこの前、行ってきましたよ。中原中也の映画をつくるという話があって。

学生A　完成したら絶対見に行きます。ありがとうございました。

片山　では次は、右の列の後ろのほう、白いシャツを着た女性、どうぞ。

学生B　貴重なお話を、ありがとうございました。くまモンについての質問なんですが、先ほど、海外進出を考えられているというお話がありました。その土地に住む人を喜ばせるためにいろいろな企画をされていますが、くまモンが海外進出をすることで、熊本県民にとって利益や意義があるとしたら、どんなことが考えられるのか教えてください。

小山　いい質問ですね。例えばイチローがメジャーリーグに行って活躍をすると、僕ら

ator
samichi Katayama @7_401

嬉しいじゃないですか。それと同じです。熊本の人気者が、熊本を出て、日本を出て、例えばパリで大人気になる。しかもそこで熊本を宣伝しているとなったら、熊本の人はとても誇らしい気持ちになりますよね。

学生B　はい、わかります。

小山　ちなみにくまモンは、熊本PRの営業部長として国内外で活動しつつ、もちろん熊本内でも活動をしています。去年は新しく「熊本県しあわせ部」の部長にも就任したんですよ。熊本県はいま、〝県民総幸福量の最大化〟を県政の一大目標としています。そして「しあわせ部長」であるくまモンは、県民から、「今日あった、しあわせなこと」を報告してもらう役割を担っています。例えば「コンビニで買い物した時、1円玉をピッタリ使えた」とか。「小さな息子が、初めてトイレにひとりで行けた」とか「孫がかわいらしく笑いかけてくれた」とか、そういう生活の中にある何げないような幸せを、くまモンに報告してもらうんです。

片山　報告には、何か特別なツールを使っているんですか。

小山　フェイスブック[※41]でグループページをつくって、メンバーになった方に自由に投稿してもらっています。そうして日常で幸せを探したり、誰かの投稿を読んだりすることで、いくつもの幸せが増えていく。熊本の内と外とで、そんな試みをしています。

学生B　わかりました。ありがとうございました。

片山　次は……後ろのほうで、大きく手を振っている男性、行きましょう。

学生C　僕は熊本出身で、小山さんと同じ、熊本マリスト学園の出身なんです。50期な

※41　「熊本県しあわせ部」のフェイスブックページは、2016年より投稿型のアプリ「くまはぴ」に移行中。

んですけど。

小山　そうですか。僕は20期生です。

片山　ちょうど30歳、違うんですね。

学生C　小山さんに続けるように、がんばっています。ただ最近悩んでいることがあって。コピーの大きなコンテストとかで、大賞に選ばれる作品をいいと思えないんです。それは僕のセンスが間違っているのか、コンテスト自体の質に問題があるのか、どういうふうに考えたらいいのかの助言をいただきたいです。

小山　そういう経験は僕もたくさんあります。昔マガジンハウスから、詩をテーマにした『鳩よ！』[※42]っていう雑誌があったんですね。詩のコンテストも開催していたので、中原中也かぶれだった頃に「渋谷賛歌」という作品を応募したんですよ。「渋谷が年寄りの町になればいい、そうすれば僕が年をとっても、渋谷は僕の町でいてくれる」……というような内容を、もっと詩的に表現したものなんですけど。それが全くかすりもしなくてね、選ばれた詩を見てもつまらないのばっかりで、非常に腹が立ちましたね。その後『鳩よ！』が休刊した時は、ほくそ笑んだものです。

片山　薫堂さんにもそんな経験が（笑）。

小山　でもそういうことは、人に言うと格好悪いんですよ。負け惜しみにしか聞こえないので。ではどうするかというと、その恨みつらみを、自分の中で静かに熟成させていくんです。そして外向きには、クールな顔をして新しい作品を書き続ける。そういう態度がいいのではないでしょうか。

※42　『鳩よ！』　1983年12月号から2002年5月号までマガジンハウスより刊行された、主に詩をテーマにした文芸雑誌。

片山　納得できない気持ちも、自分のエネルギーに変えるっていうことですよね。

小山　「もしかしたら自分はコピーに向いていないかもしれない」という可能性も、冷静に考えたほうがいい場合もありますが。

学生C　賞を獲ったこともあるんです。でもその時も、なんで賞が獲れたのかわからなかったんですよ。自分でいちばん自信のある作品が選ばれず、どうでもいいというか、2番目、3番目くらいだと思っていた作品が入賞するんです。

小山　コピーだけでなく、いろいろな表現をしてみるといいかもしれませんね。学科は何学科？

学生C　映像学科です。でもＩＴ系の会社でアルバイトしていて、そこでコピーを書いたり、企画を考えたりしています。

小山　それなら、なおさらコピーだけにこだわることはないよね。コピーライターであり、アートディレクターであり、デザイナーでもあるような、いろいろなアウトプットの可能性を探ってみるのがいいと思います。がんばってください。

学生C　今日のお話を企画のほうでも生かします。ありがとうございました。

自分の葬儀を、最後にして最大の作品にする

片山　まだ手は挙がっているけど、そろそろ終わりの時間です。最後に僕からも質問をさせてください。小山さんは10年後、自分がどんなことをしていると思いますか？

小山　ちょうど60歳ですね。まず「湯道」の家元になっています。

片山　「湯道」が始まっているんですね。いまのお仕事に変化はあるでしょうか。

小山　仕事もまだやっているでしょうね。ただ50歳の時に1か月休みをとったので、60歳になったら3か月は休みたいです。

片山　50歳のお休み中、『情熱大陸』[※43]で密着レポートをされていましたよね。休暇と言いつつ、全然休んでいなかったように見えましたよ？

小山　いや、あの時はホントに休んでました。30年やってきて、まあいい機会だしゅっくり休もうと思って。10年後は3か月休みが欲しいけれど。でもこの年になってくると、人生の閉じ方を考え始めるんですよ。自分の人生の終わりについて考えるようになる。みなさんはまだハタチ前後で、時間も可能性もたくさんあって羨ましいです。だから60歳になって「3か月休みたい」と言いつつ、自分の人生の持ち時間の中で世の中にどうやって足跡を残していくかを考え、一生懸命にやっていると思います。

片山　人生の閉め方に、理想のイメージはありますか？

小山　よく「ひっそり死にたい」とか「お花はいりません」と言う人がいますけど、僕は逆ですね。ひっそりなんてイヤだし、お花もたくさん欲しいです。むしろ、自分の葬儀は、自分の最後にして最大の作品にしたい。だって葬儀って、人を泣かせる最大のチャンスじゃないですか。「あの葬儀は感動したね、悲しかったね」って言わせられるような葬儀を、自分の死をもってして演出したいと思います。自分の作品として。

片山　そんなことまで考えているんですか。そのために、すでに何か準備されているん

※43『情熱大陸』1998年4月より、TBS系列で毎週日曜日夜に放送されているドキュメンタリー番組。様々な業種で活躍している人にスポットを当て、一定期間の密着取材を編集する形で番組がつくられる。

でしょうか。

小山　素材集めみたいなことは、意識していますね。

片山　すごいなあ。ありがとうございました。すみません、もうひとつだけ。学生の彼ら・彼女らには時間も可能性もある、とおっしゃいましたが、改めてアドバイスというか、メッセージをいただけないでしょうか。こんなことを心掛けておくといいよ、というようなものがありましたら。

小山　すべては、人と人との関係だと思うんですよ。どんなアイディアを生み出すかはもちろん大事なんですけど、それよりも、生み出したアイディアが誰にたどり着くかのほうが重要だと思うんですよね。どんなにいいアイディアも、そのアイディアを殺してしまう人に会ったらそこで終わります。逆に未完成のアイディアでも、一緒に可能性を広げてくれる人に出会えたら、宝物になる。自分の大切なものを、誰に託すかっていうことが、ものすごく重要だと思います。……あれ？　電気が。

片山　あれ⁉　真っ暗になっちゃいました。停電かな。

小山　マイクも入りませんね。

片山　あらら……。でもちょうど、いいお話で締めていただきました。こちらで終了としましょうか。本日は小山薫堂さんにお越しいただきました。多彩な活動のお話を、どうもありがとうございました！

小山　（口元に両手を添えて、会場全体に聞こえるように、大きな声で）どうも、ありがとうございました！

小山薫堂先輩が教えてくれた、「未来」の「仕事」をつくるためのヒント！

□毎朝1時間、お風呂に入ってるんですよ。そこで何かひらめくんだ、という自己暗示はかけてますね。

□文化って、結局のところ、お金を持っている人がいかに上手に散財するか、にかかってるじゃないですか。余力のある人の無駄遣いによってしか、世の中のスイッチは入らない。

□大学４年の頃はむしろ、ものをつくるよりも、わかりやすい一攫千金を狙っていました。

□ブランドって「いかに人を麻痺させるか」でもある。

□自分がやったことによって、人が感動してくれる、幸せになってくれる、あるいは喜んでくれる。それが自分も嬉しい。これって、本能だと思うんですね。

□よく「ひっそり死にたい」とか「お花はいりません」という人がいますけど、僕は逆ですね。むしろ、自分の葬儀は、自分の最後にして最大の作品にしたい。人を泣かせる最大のチャンスじゃないですか。

Music for **instigator**
Selected by Shinichi Osawa #012

1	The Love We Lost feat. Woolfy (Original Mix)	El_Txef_A
2	Should Have Known Better	Sufjan Stevens
3	Fairytale In The Supermarket	The Raincoats
4	Bats In The Attic	King Creosote & Jon Hopkins
5	Come On	Klaves
6	Donald's Bird	Falcon Punch
7	Look To The Light	Mother Earth
8	Leipzig	Matthew Herbert
9	Lean On (feat. MØ)	Major Lazer & DJ Snake
10	A Gain	Devendra Banhart
11	Valse De Melody	Serge Gainsbourg
12	Sugar Skull	Remi Sorbet
13	Mi Novela Autobiográfica	Le Mans
14	Highschool Lover	Air
15	Beak	Liar
16	Sailing Out To Sea	Matthew Halsall
17	'Til I Gain Control	This Mortal Coil
18	My Sunshine	Ty Segall
19	On A Clear Day You Can See Forever	The Peddlers
20	SNTMNTL	Shinichi Osawa & Toru Ishizuka

※上記トラックリストはinstigator official site（http://instigator.jp）でお楽しみいただけます。

D
IO
N
ER

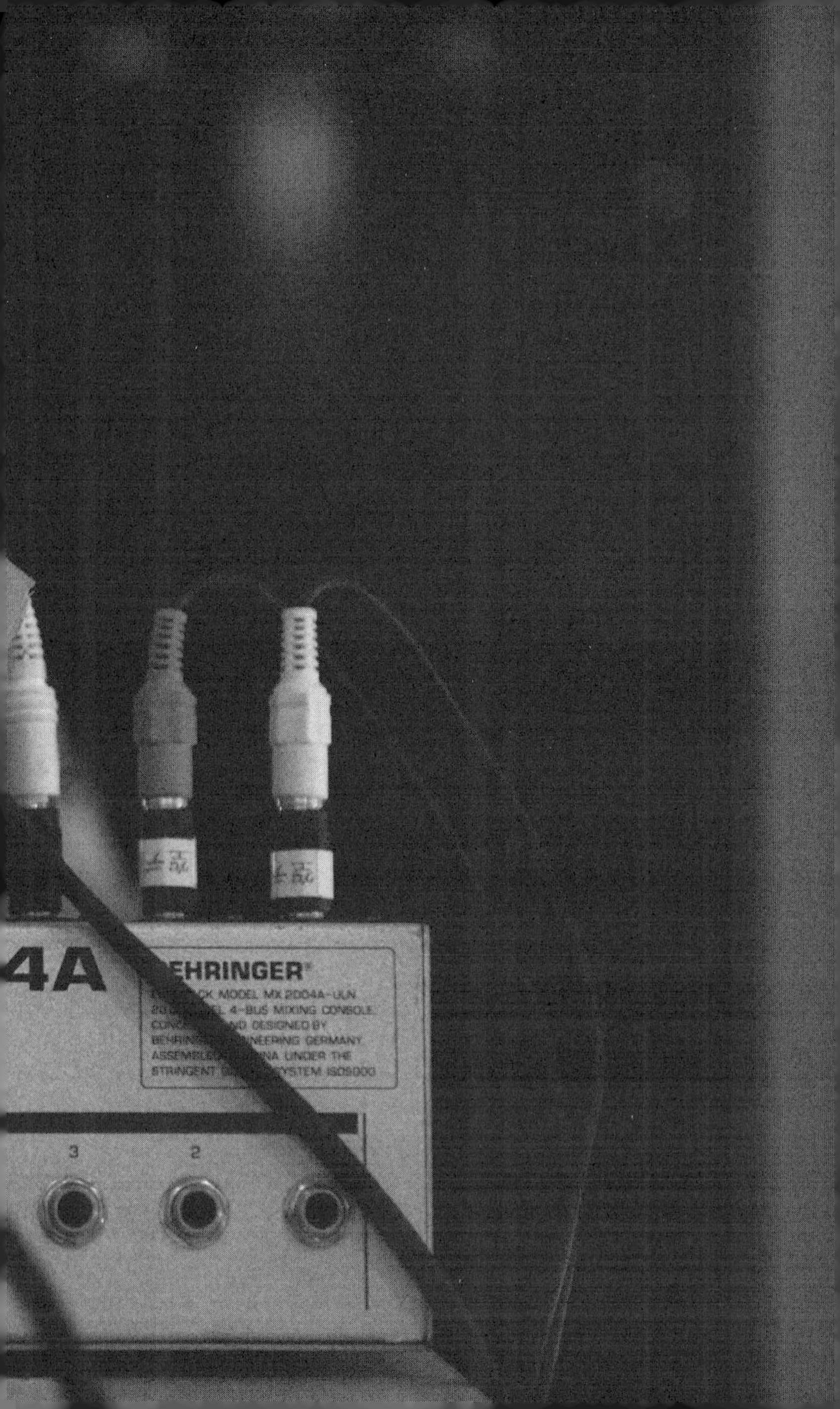
4A
EHRINGER
3
2

EURORACK MX
CAUTION: TO REDUCE THE RISK OF ELECTRICAL SHOCK, DO NOT REMOVE BOTTOM COVER. NO USER-SERVICEABLE PARTS INSIDE. REFER SERVICING TO QUALIFIED PERSONNEL. CAUTION: TO REDUCE THE RISK OF FIRE OR ELECTRIC SHOCK DO NOT EXPOSE THIS EQUIPEMENT TO RAIN OR MOISTURE.
91532930
Date Code:
MAIN OUTPUT
L
ALT OUTPUT
R/4
L/3
8
7
5

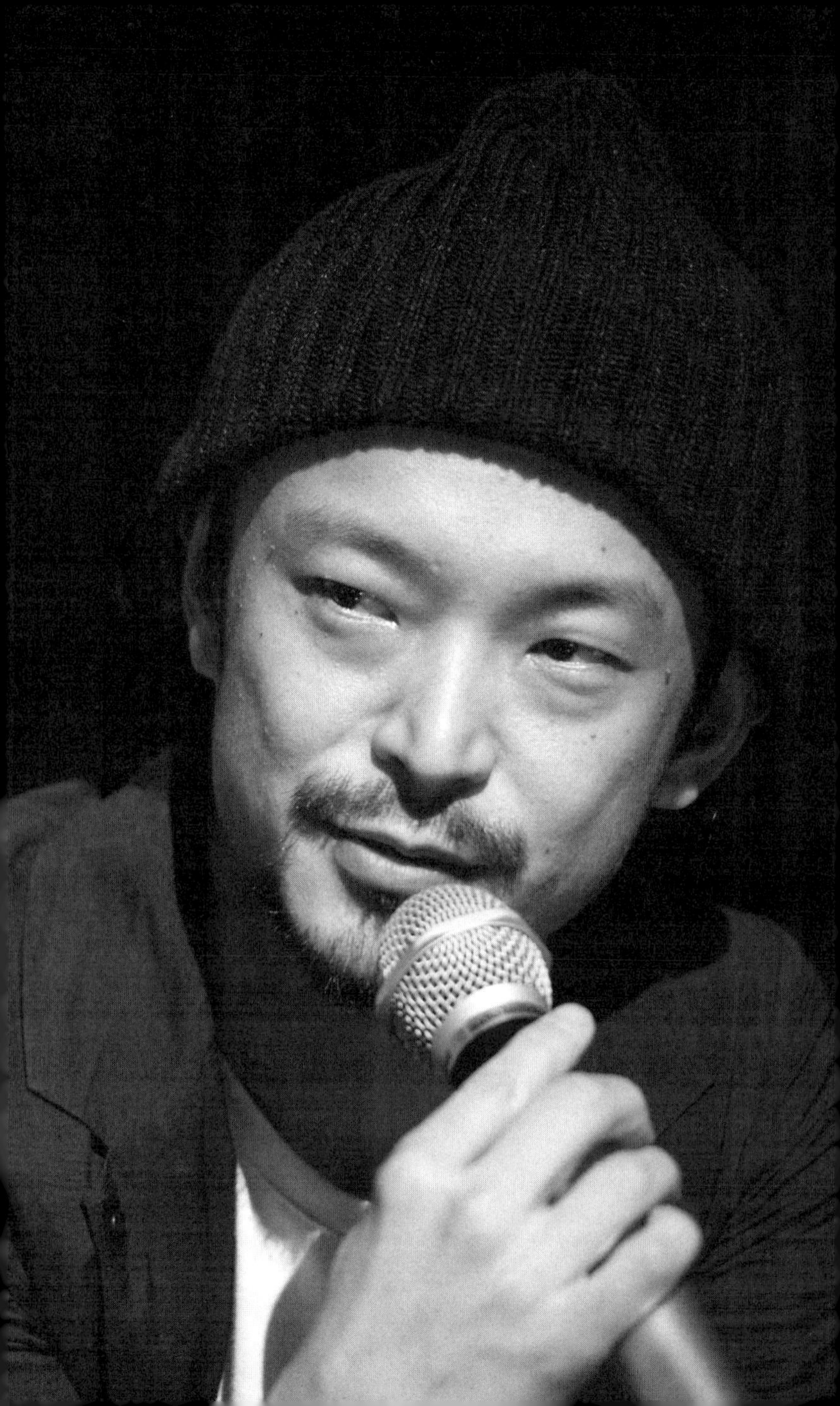

#013

Daito Manabe

真鍋大度

メディアアーティスト

1976年東京生まれ。東京理科大学理学部数学科、岐阜県立国際情報科学芸術アカデミー（IAMAS）卒業。これまでに触覚と聴覚の特殊性、共通性、相互作用をテーマにした作品制作、及び筋電センサー、低周波発生器を用いたパフォーマンスを展開するほか、ジャンルやフィールドを問わずプログラミングとインタラクションデザインを駆使して、様々なジャンルのアーティストとコラボレーションプロジェクトを行う。2006年に株式会社Rhizomatiks設立、2015年よりRhizomatiksの中でもR&D的要素の強いプロジェクトを行うRhizomatiks Researchを石橋素と共同主宰。米Apple社のMac誕生30周年スペシャルサイトにてジョン前田、ハンズ・ジマーを含む11人のキーパーソンのうちの一人に選出されるなど、国際的な評価も高い。

音楽も数学も得意だったつもりが、
上には上がいるとわかってしまった。
そうなると、すでにある土俵ではなく、
いままで誰もやったことのない部分で
勝負するしかないな、と。

小学2年生の頃には、シンセで音をつくって遊んでいた

片山　みなさん、こんばんは。今日のゲストはライゾマティクスの真鍋大度さんです。あとでいろいろ作品も見てもらいますが、Ｐｅｒｆｕｍｅ[※1]のライブ演出で使われているテクノロジーをはじめ、様々な技術でメディアアートの世界を牽引しているアーティスト、プログラマーです。フィギュアスケートのエキシビジョンでの演出や、２０２０年東京オリンピック招致のためのプレゼンテーション映像でも、真鍋さんが担当された技術力が大きく注目されました。今日もたくさん面白い話が聞けると思います。大きな拍手でお迎えしましょう。

真鍋大度（以下、**真鍋**）　どうも。ちょっと不自然な歩き方をしていてすみません。ダンスの練習で足をくじいちゃって。

片山　そんな大変な時に、ありがとうございます。お掛けください。ダンスについてのお話もあとで伺いますが、まずは幼少期のお話から、さっそく聞いていきたいと思います。

真鍋　はい。よろしくお願いします。

片山　真鍋さんは音楽一家でお生まれになったんですね。お父様がベーシストで、お母様が音楽系のエンジニア。いまスクリーンに子どもの頃の写真[※2]が映っています。小さな頃の真鍋さんと、一緒に写っているのは、妹さんですか？

※1　Ｐｅｒｆｕｍｅ（パフューム）　2007年に広島で結成した「あ～ちゃん」（西脇綾香）、「かしゆか」（樫野有香）、「のっち」（大本彩乃）からなる、3人組テクノポップユニット。２００７年にシングル『ポリリズム』がブレイク。２０１３年10月にリリースしたアルバム『LEVEL3』以降、発表したアルバム5作品が、続けてオリコンウィークリーチャート1位を達成。独創的な楽曲、ダンス、ライブ演出など多方面から注目されている。

※2　写真

真鍋　そうですね。祖父の家に遊びに行った時の写真です。祖父はオーディオオタクで、レコードコレクターで、録音マニアなんです。いまでも雷が鳴ると外に出ていって録音するような人で。この部屋も簡単なレコーディングくらいはできる録音室です。

片山　すごいお祖父様ですね。次の写真[※3]、これはシンセサイザーで遊んでいる真鍋さん。

真鍋　「DX7」というシンセで、音をつくって遊んでいます。小学2年生くらいの頃かな。

片山　こちらも妹さんと一緒に写ってる。仲が良いんですね。

真鍋　はい。いまは結婚して、保母さんをやってます。

片山　真鍋さんはこの頃からすでに、「音をどう鳴らすか」にこだわっていたとか。

真鍋　波形による音の法則性みたいなものも、この頃にはだいたいわかっていたので。ギザギザの波形の音や、にょろっとした波形の音をいろいろ組み合わせて遊んでいましたね。例えばそうしてつくった自動車のエンジン音を、ピッチベンドというシンセの横にあるレバーの上げ下げで音量操作して、ヴウ～ンヴウ～ンと鳴らしては、クルマを運転している気分になって遊んでました。

片山　まずそこで疑問なんです。音の成り立ちを理解するって、小学2年生でどうやって勉強したんですか。いじっているうちに、なんとなくわかるものなんでしょうか。

真鍋　そうですね、なんとなく。音についての話題が、家の中で多かった影響もあると思います。あとは母にもよく質問していました。当時はシンセサイザーが流行っていて、母親はヤマハで、シンセに関わる仕事をしていたんです。父はアナログのベース弾きな

※3　写真

ので、例えばマイケル・ジャクソン[※4]の映像を観ながら「この音はシンセでつくってる」とか「いや絶対ナマの音だ」とか、しょっちゅう議論していたのを覚えています。

片山 そういう時、自分でも「どっちだろう?」と考えたり?

真鍋 ええ、まあ。ほんとに子どもでしたから、たかが知れてますけど。

片山 もう1枚、ご両親がセッションしている写真です[※5]。驚いたのが、これは8年前、2007年の写真なんですって。わりと最近なの。かっこいいよね。

真鍋 妹の結婚式ですね。うちの親は僕が小学校の頃に離婚しててあんまり交流ないんですけど、娘の結婚式ということで久しぶりにセッションした写真です。

片山 ご両親から影響を受けたと実感されることってありますか。

真鍋 う――ん、なんですかね。まあ音楽に関しては影響大きいと思います。母親の仕事の関係で家にシンセがあったので、勝手に触って音をつくったり、父が買ってきたパソコンで音楽をつくったり。パソコンが一般に普及する前の時代ですから、そういう意味では、普通の家庭とは違ったのかなとは思います。

片山 ご出身は東京ですよね。外で野球をしたりサッカーしたり、そういうことはしませんでした?

真鍋 サッカーはしていました。でも小学生になるとパソコンにハマってましたね。音楽とか、あとはファミコンが出て来る前だったので、ゲームみたいなのをつくって。……いまここにいる人たちって、きっとファミコン触ったことない世代ですよね。みなさん、ファミコンってわかります? あ、一応知ってる、よかった。母親の仕事の関係

※4 マイケル・ジャクソン(Michael Joseph Jackson) 1958年アメリカ合衆国インディアナ州ゲーリー生まれ。シンガーソングライター、ダンサー。1969年に兄弟と結成したユニット「ジャクソン5」のメンバーとしてデビュー。その後ソロに転向、1982年に発表されたアルバム『THRILLER』は約5100万枚という世界一のセールスを記録。なお2位は1987年に発表された『BAD』。「キング・オブ・ポップ」の名をほしいままにし、音楽活動に限らない幅広い活動を続けるが2009年6月25日死去。

※5

で、6歳の一時期、渡米したんです。それでアメリカで初めてテレビゲームをやって、かなりのめり込んだんですね。言葉が通じないなりに、現地の子どもとゲームを通して仲良くなっていった感じなんですけど。

片山　アメリカにはどのくらいいらしたんですか。

真鍋　1年もいなくて、小学校に入るタイミングで帰ってきました。母親が音楽学校に通うついでに、僕も現地の学校に通っていて。あんまり覚えてないんですけど。あ、でも、この前NHKの『プロフェッショナル』[※6]に出演したら、海外でも放映されたらしくて、当時住んでいた家の2階の住人だったという人が連絡してくれました（笑）。

片山　それもすごいですね。

真鍋　すみません、どうでもいい話で（笑）。当時1982年くらいって、アメリカの一般家庭にゲーム機が普及した時期なんです。僕も無理やりプログラミングの解説書を読んで。自分でゲームをつくり始めたのが小学校4年くらいの時でした。

数学科に在籍しつつ、DJで生計を立てる大学時代

片山　真鍋さんについていろいろ調べていて驚いたんですけど、中学生の時に代々木ゼミナールで、なんと大学受験生と同じ問題を解いていたとか。

真鍋　それは予備校の先生の教え方がうまかったんですよ。通信簿の成績でいうと、数学と音楽は5とか10の最高値で、まあ英語も大丈夫だったかな、でも国語なんてひどく

※6　『プロフェッショナル 仕事の流儀』　2006年1月よりNHK総合で放送されているドキュメンタリー番組。『プロジェクトX』の後継番組として毎週火曜夜に放送がスタートしたが、現在は毎週月曜夜の放送となっている。様々な分野において第一線で活躍するプロフェッショナルへの密着取材を通して、その仕事と、仕事を支える流儀を掘り下げていく。

て、模試でも偏差値40くらい。数学は高い時は90超えていたので、極端でしたね。

片山　僕がイメージする「数学」と、真鍋さんの考える「数学」って、そもそものレベルが違うんだろうなとは思いつつ聞きますが、数学の勉強は面白かったですか？

真鍋　うーん。数学は大学入試レベルまでやって、止まっちゃったんですよ。高校時代は逆に、国語を強化してました。できるようにはならなかったけど（笑）。勉強はできるほうじゃなかったので、みなさんに偉そうなこと言えません（笑）。

片山　高校生の時にDJを始めたんですよね。それは、音楽好きが高じて？

真鍋　DJブームが起きて、渋谷にたくさんレコード屋さんができて、大学生や高校生のDJがテレビで紹介されていた時期でした。でも高校生のモチベーションなんて、しょせんは女の子にモテたいとかその程度じゃないですか。勉強する気もあんまりなくて、ちょっとやさぐれ始めた時期でもありました。

片山　それでも、東京理科大学理学部数学科に進学されます。

真鍋　ただ数学への興味はもうあまり……。数学科って、まさに数学しかやらないんですよ。位相幾何っていうのが専門で、それは面白かったんですけど、ほかには興味を持てなくて。だんだん勉強自体、嫌になってきちゃったんですよね。

片山　数学には、純粋数学と応用数学という概念があるのだとか。純粋数学は数学自体の美しさみたいなものを一生かけて追求していく分野だそうですね。

真鍋　応用数学は、例えば統計とか、すぐ実用に生かせるものなんです。だからわりと勉強するモチベーションも上がるんですけど。いま片山さんがおっしゃった純粋数学と呼ばれるいわゆる研究対象の数学は、まあそうですね、本当に好きで追求したい人ならやっていけると思いますけど……。

片山　つぶしがきかないっていうか、仕事になりにくいものなんでしょうね。簡単にいうと、お金にならない。

真鍋　うーん。研究者になるか、教授になるかっていう感じでしょうね。全然真面目じゃない、テストのためだけに一夜漬けで勉強するような学生だったので、意味もそこまで考えていませんでした。

片山　お友だちで純粋数学を続けている方っていらっしゃいますか。

真鍋　これがいるんですよねえ、ひとり。一緒に酒を飲んでいても、ゼータ関数がうんちゃらかんちゃらって。数学の世界のジョークばかりで、何言ってるかわかんないんですけど（笑）、すごく瞳がきれいなヤツで。ほんと好きなんだと思います。大学で数学をやっていた人って、ちょっと社会的な知恵を持ってるイケてる人たちは金融系に行き、いちばん多い進路はエンジニアやプログラマーだと思いますね。僕もそのひとりです。

片山　大学時代は、ＤＪ活動もかなり本格的にやっていらしたとか。

真鍋　ほぼ毎日プレイしていて、多い日は一晩に４つ掛け持ちということもありました。月に40～50万円くらいは稼いでいたと思います。いまちょうど、スライドに写真※7を出してもらってますね。これは一人暮らしの部屋で撮った写真です。父親には「プロとしてやっていくなら、大学を辞めろ」と言われていましたが、辞めるふんぎりもつかなかったんです。それで、仕方ないから家を出て、自分で生計を立てて。ＤＪとバイトで、

※7　写真

一応、食っていけるレベルではありました。

片山　月に40～50万円も稼いでいたら、DJだけでも余裕で生活できるでしょう。

真鍋　レコードを買わなければそうだったんですけど。稼いだお金は結局ぜんぶレコードに費やしていましたから。バイトしてレコード買って、DJをやって、バイトして……の繰り返しでした。レコード屋さんでもバイトしたので、おかげでかなり曲に詳しくなったというメリットはあったかな。音楽以外に、家庭教師や塾の講師もやっていたんですよ。ただそういう生活ではストイックな数学科の単位は取れなくて、留年が決定した大学2年の時、これ以上続けたらヤバイと思ってDJは辞めました。

片山　バンド活動もされていたとか。

真鍋　そうですね、打ち込みやスクラッチでいろいろなジャズバンドに参加していました。ジャズミュージシャンと組むことも多くて、特にShiinaBand※8というバンドに参加していた時には、日本ツアーをしたりCDを出したり、かなり本格的に活動していました。でもすぐに「音楽の才能ではミュージシャンに勝てないな」という考えに行き着いちゃって。いろいろ考えて、プログラミングを使って作曲する方向へ。

片山　大学生時代から、広告のサウンドデザインも手がけてますよね？　その時点ですでに、音楽の世界で生きていこうと考えていたんですか？

真鍋　いえ、いまでもそうなんですけど、先のこと、考えてないんですよ。いまできることをやるタイプというか。進路もきちんと考えていなくて、ただまわりが就職活動しているから自分もするか、という感じでした。

※8　ShiinaBand（シイナバンド）ベーシスト、トラックメイカーの椎名達人が中心となり、1990年代後半から2005年頃まで活動していたバンド。2002年から2005年にかけてアルバム『Tele-Universe』『ShiinaBand』を制作。

片山　就職先はどういった方向を中心に考えていたんですか。

真鍋　ゲーム会社や音楽系の会社も受けたんですけど、ぜんぶ落ちました。自分ですごい面白いと思ったゲームの企画書も持っていったんですけど。しょせんは素人の考えたものだったのかなと。だからこの時は、まあ就職して、週末ミュージシャンみたいな感じでやっていけたらいいかなって、その程度の考えでした。

就職、転職、そしてIAMASで学び直す

片山　大学を卒業後は、大手電機メーカーにシステムエンジニアとして就職。かなり堅いお仕事をされていたとか。

真鍋　そうなんですよ。1年目にいきなり、高速道路に設置するカメラの制御装置の設計とか、防災システムの設計といった、地味で、かつ人の生命にダイレクトに関わるような仕事を任されたんです。その方面はいまだと結構面白い試みもあるんですけど、当時はプログラム自体はそんなに難しいものを必要とされてなくて、開発2割、あとはひたすらテストっていう、ほんとに地味な作業の繰り返し。もともと興味があった音楽やゲームのプログラムと違って、表現する喜びみたいなものが見いだせなくて。しかも生命を預かる責任の重さに対して、心の準備もできていませんでした。それでモヤモヤしている時に知り合いに声を掛けてもらって、ベンチャーのＩＴ企業に転職しました。そこも結局、半年くらいで辞めちゃうんですけど。

片山　そして真鍋さん、岐阜県大垣市にあるＩＡＭＡＳ※9（Institute of Advanced Media Arts and Sciences／岐阜県立国際情報科学芸術アカデミー）に入学します。社会に出てから、岐阜県でフルに学生をやろうって、かなり大きな選択ですよね。

真鍋　いま思うと、よく決断できたなと思います。結局、ここまでいろんなところで挫折しているんですよ。音楽も数学も、もともと得意だったつもりが、上には上がいるってわかってしまった。そうなるともう、すでにある土俵ではなく、いままで誰もやったことのない部分で勝負するしかないと考えたんでしょう。……ＩＡＭＡＳを知っている人、どれくらいいるんだろう。

片山　知っている人、手を挙げて。

真鍋　ああ、パラパラいますね。

片山　やっぱり興味がある子は知ってる。

真鍋　ＩＡＭＡＳは4つのコースに分かれていて、僕の入ったコースはＤＳＰコース［Dynamic Sensory Programming Course］でした。1学年につき、先生が3人、学生が7人。プログラムの勉強というよりは、メディアアートの作品研究とか、あとはなんか不思議なグループワークをやってました。

片山　不思議なグループワーク？

真鍋　例えば「コミュニケーションツールを考える」という課題とか。僕は生真面目に、というか誰でも思い付くような、キーボードを使ったチャットツールを考えたんですけど、ほかの人は発想が違うんです。ドラッグをつくるとか。ＳＦに出てくるような、実

※9　IAMAS（Institute of Advanced Media Arts and Sciences／岐阜県立国際情報科学芸術アカデミー）岐阜県大垣市にある大学院大学。先端的技術と芸術的創造の融合による新しい表現者を育成することを目的とする。定員は一学年30名の2年制、計60名の少数精鋭教育。真鍋が卒業したDSPコースは、音楽、映像、パフォーマンス、インスタレーション、デジタル信号処理などを専門領域とする。

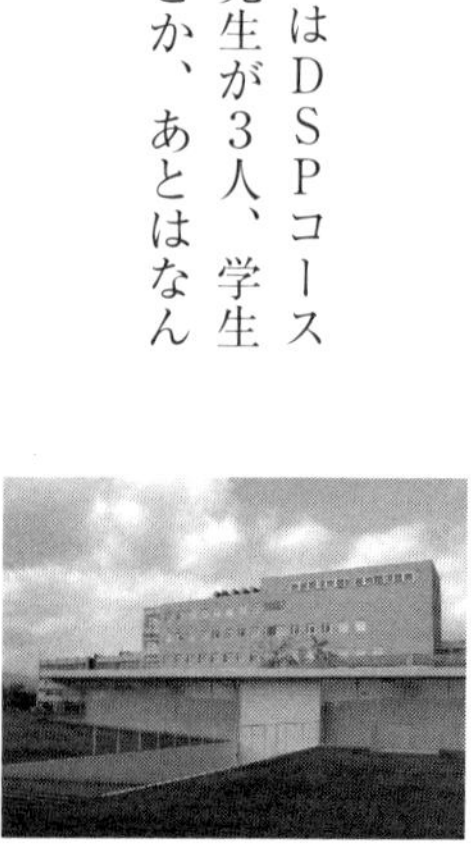

装を無視したアイディアをバンバン出してました。『ドラゴンボール』に出てくる、相手の戦闘力を測るスカウター[※10]みたいな装置とか。まあそれはグーグルグラス[※11]が出てきたから、いまとなってはむしろ、現実的だったことになるんですけど。

片山 いま当時の写真[※12]が映ってます。つなぎの作業着を着ている真鍋さん。そのグループワークでは、実現可能かどうかは問われなかったんですか。

真鍋 とにかく自由でしたね。要するに、ビジョンや概念を考える訓練なんです。僕は途中までは「実際にいま自分がつくれるもの」しか考えなかったんですけど、先に入った人たちはそういう訓練をされてきているので、「いま自分がつくれるもの」ではなく「いつか誰かがつくれるもの」を提案してくる。グループワークでは、総勢50人ぐらいの学生が5人くらいずつのグループに分かれてやることが多かったので、他のメンバーの提案を見ながら、へんてこな課題にだんだん慣れていった感じです。

片山 へんてこな課題って、ほかにはどんなのがありました？

真鍋 竹ひごを束で渡されて「これで音楽をつくりなさい」とか。

片山 竹ひご。

真鍋 はい。僕は現実的なので、竹ひごのピッチを計算して、リアルに演奏可能な楽器にしたんですよ。でも同じグループのあるメンバーは、竹ひごでお城をつくって、そのお城を手のひらに乗せて崩れないようにバランスをとり、そこで鳴る竹ひごの音こそが、竹ひごの奏でる音楽だと主張してました。

片山 全然わからない世界です（笑）。

※10 スカウター　マンガ・アニメ『ドラゴンボール』に登場する、相手の戦闘力や生体反応などを測る架空の装置。サングラスに似た形状で、片側の目に装着して使用する。

※11 グーグルグラス（Google Glass）　眼鏡型のコンピュータ端末。2012年に製品テストがスタート、2013年にテスター、開発者向けの販売が開始されたが、2015年1月に一般向け販売は中止することがアナウンスされた。

※12 写真

真鍋　ですよね（笑）。だって音なんか、鳴ってないんですよ。それでも鳴っていると言い切る精神力も重要なんだ、とか、いろいろ学びました（笑）。思考訓練みたいなことばっかりやっていましたね。

片山　ご自身は、50人いる学生の中で、どのくらいの位置にいたと思います？　すごい発想や技術を持った人たちばかりだったわけでしょう？

真鍋　独創性とか発想って意味では、ビリに近かったんじゃないですかね。まあ、すごいはすごいんですけど、ホントいろんな人いましたよ。人の目を絶対に見ることができないとか、日常会話ができないとか、そもそも姿を見せないとか。

片山　姿を見せない？

真鍋　途中経過の発表も無視で、ワークでもそれ以外でも全く姿を現さないんですよ。それでいて、本番ですっごい作品を提出してくるんです。

片山　ああ……。そういう人たちのいる環境なんですね。

真鍋　とにかく自由。しかも社会から隔絶されています。研究室は24時間オープンで、キッチンもシャワーもあるので、結局入学して半年くらいで借りてた部屋を引き払い、こたつと冷蔵庫と電子レンジをゼミ室に設置して、結局そこで卒業まで暮らしました。

片山　ほんとですか（笑）。

真鍋　そんなの序の口ですよ。植物を育てたり、猫を飼っている人もいましたから。自由にも程があるだろうっていう環境でしたね。

片山　すごいなあ。そんな自由な大学、なかなか聞かないですよね。

真鍋　ＩＡＭＡＳも、24時間開いてたのは僕らの代が最後じゃないかな。夜中に騒いでて、近隣から文句が来ることもあったみたいですし。いまはもう建物ごと引っ越してビルの中に入っているので、そこまでやりたい放題やってる学生はいないと思います。

直談判して夜間の工場を無料で借り、卒業制作をつくる

片山　ＩＡＭＡＳに入学される際の、誰もやっていない分野で勝負しようという決意は、どういった作品になっていったのでしょうか。

真鍋　音楽方面なら「スピーカーから出ない音で勝負しよう」とかですね。

片山　学生のみんな、ぽかーんとしてる（笑）。

真鍋　あ、説明が足りないですね。可聴範囲――人間の耳が聞き取れる範囲の音で曲をつくってもダメだから、身体に影響を与える程度の超低周波で作曲しようと。

片山　その頃の研究作品が、いま写真[※13]で出ています。真鍋さんも一緒に写ってる。

真鍋　めっちゃ痩せてますね。これ、ＩＡＭＡＳの卒業制作で、椅子をつくってるんです。アルミの椅子の上に、電動子を64個つけて……ようは骨伝導椅子なんですけど。

――もうちょっと詳しく説明していいですか。

片山　お願いします。

真鍋　ヘッドホン[※14]で音を聞く時に、音が頭の真ん中から聞こえてくるように思える現象があるんです。位相を操作するとその現象をつくり出せるんですが、その現象が感覚と

※13　写真

してすごく面白いんですよ。じゃあ「背中と肩と耳で鳴る音の位相をずらすとどう聞こえるんだろう?」と思って、そういった実験をするための装置を自分でつくってみました。ただこの変化って、僕はわかるんですけど、体験した人でもわかるかどうかの微妙なところで。結果としては、わかりづらい作品になってしまいました。

片山　可聴範囲でないということは、音としては聞こえないんですものね。

真鍋　振動に近い感覚ですね。周波数が高くなったり低くなったりすると、その変動が音のように聞こえてくるケースもあります。例えばネズミ避けの超音波って、本来は人間には聞こえないんですけど、何か物質にぶつかって乱反射することで、音として聞こえてくることもあるんです。

片山　ああ、条件が変わっちゃって。

真鍋　はい。よく知られているのが、表参道にある「スパイラル」[※15]というビルの駐車場です。超音波が可聴領域におちてくると、界隈では有名ですね。

片山　不快な音なんですか?

真鍋　好き嫌いはあると思います、僕は好きですよ。

片山　よくコンビニの前にヤンキーがたむろしないよう、超音波を流してるとか聞きますけれど。

真鍋　それはほんとなんですかね(笑)。

片山　そういったことも、理論上は可能なんでしょうか。

真鍋　高周波はそこまでの影響はないはずですけど、低周波ならありえます。例えば、

※14　位相(いそう)物理用語。「振動や波動のような周期的現象において、ある時刻・ある場所で、振動の過程がどの段階にあるかを示す変数。(『大辞林』第3版より)

※15　スパイラル　1985年にオープンした、東京・南青山にある文化複合施設。ギャラリーと多目的ホールを中心に、雑貨ショップやレストランなどで構成されている。駐車場(スパイラルパーキング)は57台駐車可能なスペース。

空港の近くとか。身近なところだと、エアコンの空気口にヒラヒラしたやつが付いているると、その下にいる人が気分悪くなる可能性はあります。。下敷きみたいなものが、1秒間に15回くらい上下していたら、15ヘルツの低周波が出ているので。「まずいわけじゃないのに人気がないな」というラーメン屋は、だいたいエアコンにヒラヒラが付いてます。そういうことはチェックしたほうがいいかもしれないです。

片山　なるほど。ラーメンを食べていて気分が悪くなったらイヤですもんね。

真鍋　低周波に関するネガティブな研究は、探すといろいろ出てきますよ。あとは尿意を促進する周波数とか、論文はたくさんあります。音にしても、ある特定の周波数・音圧で聞かせると、相手の瞬きを止まらなくしたり、呼吸困難にしたり、操作できます。

片山　えっ、それって……兵器にもなっちゃいますよね……。

真鍋　もともとそういう目的から始まっている研究なので。技術の進歩は軍事利用から始まることが多いんです。ＩＡＭＡＳにいる時は、ＩＡＭＡＳの建物全体を振動させるような巨大な振動子を買ってきて、教室を揺らして下の階の教室で授業を行っている先生に怒られたこともありました。

片山　教室全体を？　振動で揺らすんですか？

真鍋　揺れますよ。ユーチューブで検索してもらうと、建物を揺らしているライブ映像も見ることができます。

片山　それは誰でも体感できるものなんですか？

真鍋　低音はわかりやすいと思います。圧迫感があるので。ライブ会場でも、低音が出すぎてて気持ち悪くなるケースはあるんじゃないかな。僕の場合はセンサーを持っていって数値を計測しますけれど。

片山　もともとそういった研究をするためにＩＡＭＡＳに入られたんですか？

真鍋　最初は別の研究をしていました。当時はパソコンを使ってＤＪする人ってそんなにいなかったので、アナログのレコードに特殊な信号を入れてパソコンに取り込み、レコードとパソコンの中のサウンドファイルの動きをリンクさせる、という方法を研究していたんです。ＩＡＭＡＳに入る前から考えていて、入ってからもずっとやっていました。でも入って半年くらいたった頃に、アメリカで同じようなシステムが発表されちゃったんですよ。その人はそれで特許を取って、ビジネス的にも成功されたんですよね。

片山　ああ……。特許を取れば、その権利でどんどんお金が入ってきますからね。学校からは特許を取っておけとか、そういうアドバイスはなかったわけですか。

真鍋　研究をし始めた時点でパテント（特許権）を取っておくのは、当たり前のことなんですけど。当時はそこまで考えることができなくて。

片山　そこですごいなと思ったのが、真鍋さんは、自分と同じ研究で特許を取った人に会うために、わざわざカルフォルニア州のサンタクルーズまで行ったとか。

真鍋　はい。会ってみたいなと思って。

片山　どんな方でしたか？

真鍋　ええとですね、部屋中がピンク色で、こう、いわゆるヒッピー系の、西海岸ならではの人でした（笑）。日本にいたらまずプログラマーには見えないと思うんですけど、西海岸はわりとヒッピー系のプログラマーが多いんです。それで仲良くなって、最近も連絡を取っています。

片山　そうなんですか。でも先を越された時は、ショックでしたよね。

真鍋　まあ仕方がないんですけど。そのあとまた違うことをやらなきゃというので、さっき話したような、低周波の研究を始めたんです。ただ、全く予算がなくて、制作費がかけられないので、大田区にある株式会社マテリアル[※16]という会社の細貝社長にアポを取って直談判して、夜中の空いている時間に工場の機械を無料で借りて制作し、それで卒業制作をつくりました。

片山　すごい行動力ですね。工場の機械って……そんな簡単に貸してもらえるものでもないでしょう？

真鍋　お金がなくて、とにかく必死だったんですよ。なにしろ学校で生活してますし、学食でも定食を食べるお金がないから「おかずはいらないので、ごはんと味噌汁で80円にしてください」と交渉するような日々でした。だからあんな痩せてたんですよね。アルミ工場では機械を無料で使わせてもらった以外に、溶接の費用やアルミの材料費を出していただいたり、現金もお借りしました、それ以外にも、プレゼンに行ったオンキヨーリブという会社には振動子64個を無償で提供していただいたり……。ありがたいことです、本当に。

片山　才能をわかってくれたんでしょうね。出世払いでいいよ、というような。

真鍋　どっちかっていうと「どうしようもないな、こいつ」って思われていたかと（笑）。

※16　株式会社マテリアル　東京都大田区にある、アルミ材料を主軸に素材の販売から加工、最終製品までを手がける企業。1992年に代表取締役社長である細貝淳一が創業。

※17　藤幡正樹（ふじはた・まさき）　1956年東京都生まれ。メディアアーティスト。1990年慶応義塾大学環境情報学部専任講師となり、同助教授、教授を歴任。1999年より東京藝術大学美術学部教授、2005年同映像研究科長。1980年代初頭からコンピュータを使った作品制作を行う。

後日「突然やって来て、工場を貸してくれなんていうやついないからなあ」って笑って言われました。マテリアルの細貝社長とはいまでも交流があるんです。お金を返して、そのあともたまに飲んだり。

片山　きっといまは「貸してよかったな——」って思ってるでしょうね。

真鍋　思ってくれていたら嬉しいですね。

東京理科大の同級生と3人で、ライゾマティクス設立

片山　IAMASを卒業されたあとは、東京藝術大学先端芸術表現科の藤幡正樹[※17]教授の助手をされるんですよね。

真鍋　助手にとってもらったんですけど、自分の制作活動のために、しょっちゅう休んではYCAM[※18]（山口情報芸術センター）に行っていて、なかなか両立できなくて。それで週1くらいの講師としてネットワークとプログラムを使って音をつくる、サウンドデザイン演習の講義をしていましたが、あまり学生はついてきてくれなくて、こちらも数年後には仕事に専念するために辞めさせてもらいました。

片山　ダムタイプ[※19]の作品に関わられたのはこのあたりですか。みんな、ダムタイプはわかるよね？　建築、美術、ダンス、音楽……と様々な表現の作品を提示しているアーティストユニット。

真鍋　最初にダムタイプのメンバーの藤本隆行[※20]さんと仕事したのは2004年です。大

※18　YCAM（山口情報芸術センター、Yamaguchi Center for Arts and Media）山口県山口市にあるアートセンター。2003年11月1日に開館。メディア・テクノロジーを使った新しい表現の探求を軸に、展覧会や公演、映画上映、ワークショップなどのイベントを開催している。

※19　ダムタイプ（Dumb Type）　1984年に、京都市立芸術大学の学生を中心に結成されたアーティストグループ。建築、美術、デザイン、音楽、ダンスなど異なる表現手段を持つメンバーが参加、京都を拠点に、海外公演を中心とした活動を行う。

※20　藤本隆行（ふじもと・たかゆき）1960年京都府出身。照明アーティスト。1987年よりダムタイプのメンバーとして、コンピュータ制御による照明ほか、音、映像、パフォーマンス全体を同期させた演出を手がける。

学を卒業してすぐ、チャンスがあれば何でもやりたい時期で。「曲を書けてプログラムもつくれる人を探している」と聞いたので、デモを制作して会いに行きました。

片山　最初のきっかけは楽曲の提供だったんですね。

真鍋　曲の提供と、照明制御のソフトの開発の依頼ですね。いまはLEDの舞台照明って当たり前ですけど、当時は全く使われてなかったんですよ。制御ソフトも大規模なステージ向けはあったんですが、ラップトップで動かせるものは普及していなくて。そこで、ラップトップでも動かせる照明と音を連動するためのソフトを開発しました。それとは別に、ダンサーにセンサーをつけて、動きに合わせて照明を制御する方法を提案して、ソフトと音楽を制作しました。

片山　舞台を見て、「もっと面白いことができるよ」って提案をしたわけですよね、

真鍋　簡単に言うとそういう感じです（笑）。ダムタイプのような舞台芸術の分野は、メディアアートの入る余地がたくさんあるとその時に感じて、そこからずっといまも一緒にやっている感じですね。ダムタイプの藤本さんとの3作目で、2008年公演の『true／本当のこと』※21はユーチューブでも見られます。これもLEDと、「筋電センサー」っていうテクノロジーを使っています。「筋電センサー」は筋肉が発する微弱の電流を読み取るセンサーで、動くとそれに合わせて照明と音が変化します。ヨーロッパのメディアアートではよく使われている技術なんですけど、日本ではまだなかったと思うんですよね。

片山　ダムタイプとの出会いから、本格的にダンスと映像、音と光という世界に入って

※21『true／本当のこと』

いかれるわけですよね。そして同じくらいの時期、２００６年にライゾマティクスを設立。ちょうど30歳の時でしょうか。

真鍋　そうですね。自分たちがやってることが、仕事になるかもしれないとやっと思えるようになってきたのが、そのタイミングでした。いまライゾマの代表をやっている齋藤精一が「会社でやってみてもいいんじゃない」って言い出して。正直その時は、会社をつくることによるリスクを抱えるのが嫌だな……っていう気持ちもあったんですけど、昔から知っている信頼できる友人なので、まあ乗ってみようかな、と。

片山　齋藤さんは東京理科大の同級生なんですよね。

真鍋　そうなんですよ、僕は数学科で、彼は建築で、専門は違ったんですけど。もうひとりの千葉秀憲も理科大の同級生で、彼はウェブに強かった。３人ともそれぞれ強みが違って、それも良かったんでしょうね。

片山　大学生の頃から一緒に活動されていて、ライゾマティクスという名前も最初から使っていたそうですね。

真鍋　齋藤が大学時代に『Mille Plateaux』[※22]という本にハマっていたんです。日本語訳の『千のプラトー』もあるんですけど、英語で読め読めとうるさいから、読んだんですよ。平たくいうとまあ、インターネット社会を予言したような本なんですね。そこに「Rhizome」という「根茎」を意味する言葉が出てきて。どこまでも複雑に活動が広がっていくようなその言葉に共感しました。中だけでなく外に向けても発信していく意思を込めるために「matiks」をつけて「Rhizomatiks」というユニット名にして、のちにそ

※22『Mille Plateaux』（ミル・プラトー）哲学者ジル・ドゥルーズ（Gilles Deleuze）と、精神科医であり社会運動家でもあったフェリックス・ガタリ（Félix Guattari）によって、『アンチ・オイディプス（L'anti-Oedipe）』の続編として1980年フランスにて出版。邦題『千のプラトー——資本主義と分裂症』。

れを会社名にしたんです。

ピリピリマシーンで筋肉を動かしてみる

片山　２００８年に真鍋さんがインターネット上で公開し、世界30か国以上にシェアされた実験映像を見てみましょう。いまだと世界中にシェアというのも普通だけど、この頃はまだツイッターもフェイスブックも来ていませんでしたよね。

真鍋　いまみたいに拡散するとか、キュレーターがそこかしこにいるわけじゃなかった。

片山　ユーチューブ自体がキュレーションもやってる感じだったのかな。

真鍋　そうですよね、良くも悪くも。インターネットの雰囲気もいまとは違って、もっと開けていて自由な感じがありましたよね。ＳＮＳが普及してからはすっかり、アラ探ししてなんでも広まっちゃうようになったけど。あ、映りました。

片山　４人の男性が顔にコードをつけて、強制的に顔の筋肉を動かされている動画[※23]です。この実験のコンセプトを説明していただけますか。

真鍋　顔にくっついてるのは医療用の電極で、電気刺激を発生する装置に接続されています。電気的にも物理的にも安定するので電極を使っているのですが、ようは顔の筋肉を無理やりコントロールするマシンです。ピリピリマシーンって呼んでるんですけど。実は今日、実物を持ってきました。片山さん、体験してみませんか。

片山　えっ、僕ですか？　……あのー、かっこいいものではないですよね？

※23

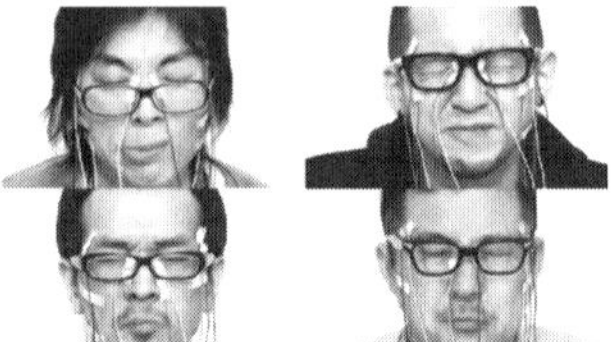

真鍋　はい（笑）。
片山　……腹をくくります。痛いですか？
真鍋　痛みはないです。過去にスタンガンとかで気絶したことあります？
片山　ないです。
真鍋　じゃあ大丈夫です。1度そういう経験があると、気絶しやすいらしくて。ワークショップでも必ず聞くんですけど。
片山　ええ……まじですか。
真鍋　はい、装着[※24]完了。電気流します。
片山　いてっ、あいたたたた。
真鍋　え、痛いですか？
片山　マッサージ機の、もっとエッジがかかったヤツみたいな（笑）。いててて。これ平気って、真鍋さん、Mでしょう。
真鍋　どうなんでしょうね（笑）。いま動かしてるのは、ガムを噛むときに使う筋肉です。慣れれば痛くないんですよ。リラックスしていればほんと、そんなには。
片山　500人に見られていては、リラックスできないです[※25]うーいてて。
真鍋　外しますね（笑）。僕も付けてみましょうか。……こんな感じで。余裕です。
片山　うわー、やっぱり慣れてるんですね。うわ、面白い。
真鍋　安全だってわかっていますから。こうして……ある一定以上の細かい信号にすると、筋肉の収縮が間に合わなくなってですね……[※26]かたまっひゃうんれすよ。

※24

※25

片山　ほんとに表情が固まっちゃった（笑）。真鍋さん、しゃべれてないですよ（笑）。
真鍋　（マシンを外す）……こんな感じ[※27]です。
片山　こうして見ると、シンプルなマシンなんですね。
真鍋　ワークショップでは、参加者の方にパーツを渡し[※28]て自分でつくってもらいます。3時間もあれば完成します。自作もできます。設計者の照岡正樹さんのご好意で基板の設計図構成とかもウェブ上で公開しているので、みなさんもよかったらどうぞ。ただ心臓に電気が通ったらアウトなので、それだけはくれぐれも気をつけてください、という注意書きとか、どの場所につけるとどういう効果が得られるかといった説明も、英語ですが書いてあるので、興味があれば。
片山　さっきの映像は、ただ動かしているだけじゃないですよね？
真鍋　そうなんです。僕の動きを、コピーしているんですけど。自分のパソコンに入っている映像を使ってもいいですか？　こっちのほうがわかりやすいと思うので。
片山　どうぞどうぞ。ここから真鍋さんのパソコンをスクリーンにつなぎますね。

（真鍋さん含む４人の男性が、ピリピリマシーンを顔に装着しているテスト動画が映る）

真鍋　（ノートパソコンを操作しながら）ええと、さっきの『true／本当のこと』では、手の筋肉を動かすことで照明が切り替わったり音が鳴ったりしていましたよね。それとは違ってこの映像は、まず僕の表情を筋電センサーで読み取って、その情報を、先ほど

※26

※27

の電気刺激装置（ピリピリマシーン）を使って、ほかの3人にコピーしようとしたんです。協力してくれてるのは、IAMASの同級生です。

片山　真鍋さんが動かした通りに、彼らの同じ筋肉が動くんですね。

真鍋　よく「楽しいから笑うのか、笑うから楽しいのか」って議論があるじゃないですか。もし「笑うから楽しい」のだとしたら、僕の表情をコピーされる彼らは、表情だけではなく、感情までもコピーされていることになる。そんな仮説も立てました。もっとも完全に笑顔をコピーするところまで行けなかったので、実験としては失敗に終わったんですけれども。

片山　カメラで物理的な動きを察知しているわけではないんですね。

真鍋　そうです、「筋電センサー」は、筋肉が収縮し始めるときに発生する、微弱電流を拾っています。だから先ほどの手を曲げると音が鳴るシステムも、実際は手が曲がる前、「手を曲げよう」と思って筋肉が動く瞬間に音が鳴っている。カメラや画像処理で動きを拾う場合は、手が曲がってから音が鳴ります。順番が逆というのが面白い点ですね。

片山　例えば、演技のうまい俳優さんの表情を、別の誰かにコピーするようなことって可能なんですか。理論的には。

真鍋　出す信号と入ってくる信号では性質が異なるので、完全に正確なコピーというのは難しいです。あとは感情が伴わないと動かせない筋肉というのもあります。よく、つくり笑いと本当の笑顔は違うといいますよね。心から楽しいときにしか動かない筋肉っ

※28　照岡正樹（てるおか・まさき）デバイスエンジニア。学生時代からインスタレーション制作や、レーザー照明の開発を行い、1998年にメディアアーティストの長嶋洋一らと芸術・技術系の同人「VPP」を結成。触覚系全般、低周波空気振動、生体情報のセンシングを主軸に、生理心理学的側面から生体情報のアート表現への活用を模索しながら、様々なジャンルで共同制作、研究・開発、技術サポートを行っている。

て、実際にあるんですよ。

人間と機械の関係を考えるのが好き

片山　もうひとつ映像を。こちらは「LED in mouth」[29]。口の中でLEDがピカピカ光ってます。この装置は原宿ラフォーレのCM[30]でも使われていましたね。

真鍋　CMで使っていただいて、すごく嬉しかったのを覚えてます。でもそんな大したことをしているわけじゃなくて。ただLEDを口に入れてるだけなんです。配線が外に見えてるのが気になっていて、自分の頬に穴を開けようか、かなり悩みました。結局やりませんでしたけど。

片山　ええ——っ。そんなことまで……。すごい研究魂ですね。反響はどうでしたか。

真鍋　日本よりも、海外でおかしなことになりました。というのも、これが日本で流行ってて、みんな口をピカピカさせて歩いてるんだっていう嘘映像をジョークでつくったんですよ。それを『ニューヨークタイムズ』だったか、海外紙が真に受けて、日本の新しいファッショントレンドとして紹介してくれちゃって。

（真鍋さんがつくった「LED in mouth」の嘘トレンド映像が流れる）

片山　うわあ……口の中を色とりどりのLEDで光らせた人々が、ぞろぞろと東京の街

※29

※30　ラフォーレのCM　2011年初頭に展開された、ラフォーレ原宿グランバザールのCM「Geee face」のこと。口の中で青白いLEDを光らせて笑う女性が登場する。

を練り歩いている……あははは。

真鍋　こんなの、絶対に嘘に決まってるじゃないですか（笑）。でもすぐに中国の企業から「売ってくれ」と連絡が来たので「まあ、これはこれでいいビジネスチャンスになるのかも」とほくそ笑んでいたら、あっという間に中国の別のメーカーがコピー製品をつくって売ってました（笑）。

片山　さすが（笑）。とはいえ実際には流行っていないワケでしょう？　つくっちゃったメーカーも、あとから困ったんじゃないですか。

真鍋　どうなんでしょうね。でもこの件でやたらと取材を受けましたよ。ブラジルのテレビ番組に呼ばれた時は、言葉も全然わかんないので、とりあえずピカピカさせながら、へらへらしておきました（笑）。そんなことをしていたら今度は『ジャパンタイムズ』に「あれは嘘のトレンドだ」と書かれて、別の方向で炎上したりして（笑）。

片山　面白すぎます（笑）。真鍋さん的には、もう完全に遊んでますよね。それにここまでのお話を振り返ると、興味の対象がどんどんスライドしている印象を受けます。関連しているんだけど、少しずつ違う分野に進化しているというか。

真鍋　いま38歳で、こういうことやり始めて10年くらいたつんですけど、すべての研究に相関がありますね。手元にある機材とリソースを生かした新しいやり方を、常に考えているんだと思います。例えばクラブイベントで酔っ払って寝ちゃってる人を見て「もったいない」と思った時、彼らに電気刺激装置とレーザーモジュールをつけておいたら、演出装置として、寝ているあいだでもいい仕事をしてくれるんじゃないか、とか。

片山　なるほど（笑）。
真鍋　「機械に人間の仕事を奪われる」という話がよくありますけど、逆に人間を装置化することを考えるのも面白いと思うんですよ。そういう、人間と機械の関係を考えるのすごい好きなんです。
片山　筋肉だけではなく、脳を物理的に動かす実験もされていませんでしたか？
真鍋　それはやりたいんですけど、まだできていません。言語野を巨大な電磁石でとめることはできます。するとどうなるかというと、言葉がうまくしゃべれなくなって、どもり始める。これがその映像です。

（磁石で脳の動きを制限されて、どもり始める男性の実験動画が映る）

片山　うわ、ほんとに。外からの刺激で、うまく話せなくなってしまうんですね。
真鍋　これ面白いのが、しゃべれないんですけど、歌うことはできるんです。脳って、歌う時としゃべる時では使用するエリアが異なるんですよ。
片山　へえー。
真鍋　同じようにデジタルで生体を動かすシリーズだと、精子っていうのもあります。筋肉と違って精子は、電気刺激ではなく、機械刺激で動きます。以前、本物の精子を顕微鏡で覗いて機械刺激で踊らせて、その映像でミュージックビデオをつくろうというプロジェクトを途中まで進めていました。思ったよりも労力がかかってしまって、最終的にはCGで作成することになったのですが。

片山　本物は使わなかったんですね。途中までというのは、どのような？

真鍋　スタッフに精子を提供してもらって、その動きを実際にトレースして解析して。ちょっと見てみます？　動画があるので。（スライドに映像を映しながら）これが精子を顕微鏡で拡大した映像で……素の状態ですね。

片山　動きって個人によって違うんですか？

真鍋　いや、あんまり変わらなかったです。まあ元気な人とそうではない人っていうのはありました（笑）。それでこっちが、精子の動きをコントロールした映像[※31]です。

片山　あははは、みんな一斉に同じ動きになってる。ダンスしているみたいで、なんだか、かわいらしいですね。

真鍋　この解析したデータをCGの精子に貼り付けて映像化したのが、スペースシャワーTV[※32]のステーションID「SPERM DANCE」という作品です。こういうふうに、とにかくいろんなアイディアを出して、実践して。

片山　麻酔を使ったりもするんですね。

真鍋　麻酔の研究をしている友人がいまして。その話も面白いんですよ。ある日「麻酔をかけると細胞の振動数が変わる。ガスって即効性だから細胞の振動数の変化が音楽になるのでは？」という話を聞いたんです。興奮すればピッチが高くなるというような。ただそれは倫理的な問題でマウス実験ですら難しいので、発展はしませんでした。僕は自分が実験台になるのは全然構わないから、やれるならやりたかったですけどね。

※31

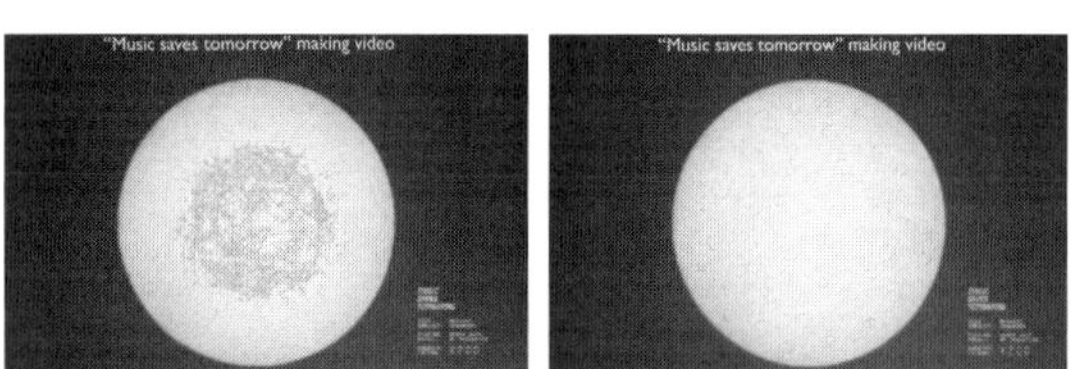

片山　確かに、パンドラの箱を開けてしまうような部分もありますね。

真鍋　制御系はそこで止まっちゃっているんですけど、解析系はまだいくつか試したいことがあります。——と、このあたりまでが、学生時代からやっている自主プロジェクトの話です。次は、エンタメ系の紹介をしましょうか。

片山　ぜひお願いします。

世界の技術者が注目したPerfumeのテクノロジーサポート

片山　ここからは、みんなもよく知っているエンターテインメント系の演出技術についてのお話を伺います。先日アメリカテキサス州のオースティンで開催された「SXSW 2015」[※33]では、Ｐｅｒｆｕｍｅの新曲披露がユーチューブで全世界に生中継され、大きな話題になりました。その演出で注目された最新テクノロジーを提供したのもライゾマティクスです。

真鍋　「SXSW」で使われた技術はかなり複雑で専門的なので、言葉では説明しにくいんですけど……。いまできる技術をすべて詰め込み、かなり高度なことをしていると思います。３Ｄスキャンだけでも2種類の手法を使っているんですよ。ざっくり説明をしますと、まず事前に会場全体をものすごい高性能なレーザーで３Ｄスキャンしておいて、さらにＰｅｒｆｕｍｅの３人も、48台のカメラを使って全方位で撮影をして、３Ｄデータを作成しました。フィギュアではなくムービーですから、合計で約３０００個のモデ

※32　ステーションーD　番組と番組の間に放送される、放送局名やキャチフレーズを伝えるための動画。

※33　「SXSW」（South by Southwest／サウス・バイ・サウスウエスト）　毎年3月にアメリカ合衆国テキサス州オースティンで開催される、世界最大規模のアートイベント。1987年にインディーズの音楽祭として始まったのち、映画祭とインタラクティブフェスティバルが加わった。10日間で世界中から数万人を集める。

ルを作成したことになります。それらのデータでつくっておいた「仮想世界のPerfume」の映像と、「SXSW」で行われるリアルタイムのライブ映像とを、自然に、シームレスに一体化させるような仕組みをつくりました。

片山　「仮想世界のPerfume」と、「現実世界のPerfume」が、初めはバラバラに踊っているんだけど、だんだん重なり合い、最終的には一体化するんですよね。

真鍋　事前にスキャンした時のダンスと、寸分の狂いなく本番でも踊ってくれると、本当にぴったり、シームレスな動きが可能になります。本番は生放送ですから、そこはもう、彼女たちに練習してもらうしかないんですけど。

片山　え？　当日に、寸分の狂いなく踊りを再現しているということですか？

真鍋　そうなんです。プロだからこそのパフォーマンスですが、会場は暗いしプロジェクションは眩しいし、振付も複雑……。何度も練習を重ねる必要があり、演者にとっては本当に大変なパフォーマンスですね。

片山　へえぇー。

真鍋　「SXSW」の会場は狭くて、この講義室の半分もないくらいなんですよ。収容人数も、入って300人がいいところです。ある程度の広さがあれば、スクリーンを入れるとか照明とかの工夫で、いくらでも派手な演出ができるんですけど。狭いところで見せるのは本当にアイディア勝負になってきます。

片山　しかもリアルタイムで全世界に公開。つまり生放送ですからね。

真鍋　はい。すべてをその場で演算しないといけない。大変ですけど、やりきった時の感動も、それだけ大きいですね。

片山　チーム体制はどういう感じなんですか。

真鍋　花井裕也くんっていう凄腕エンジニアが、メインのプログラムを組んでます（現・ライゾマティクスリサーチ）[※34]。彼はもともとソニーにいたんですけど、本当にむっちゃくちゃできるので、彼が入社してからすごいハードルの高いものを実装していますね。全体のシークエンスの制御を僕がやって、あとは堀井哲史くんをはじめとした映像プログラマーチームがいて、演出をＭＩＫＩＫＯ[※35]さんがやって。そのくらいなので、チームとしては決して大きくはないです。

片山　ライゾマティクスのチームは、あくまでも技術を提供しているということでいいのでしょうか。演出にはノータッチで？

真鍋　僕らは完全にテック担当です。演出家のＭＩＫＩＫＯさんのイメージに必要なシステムをつくる。あるいは新しいシステムをつくっては、好きに使ってください、と渡す。ただ少しはダンサーのこともわかったほうがいいなと思ってダンスを始めて、足をくじいちゃったのが、いまなんですけど（笑）。

片山　こういったシステムの開発にはどのくらいの時間がかかるんですか。

真鍋　最近は地方に逃げて泊まり込みでやることが多いです。ＹＣＡＭに１か月泊まり込みとか。あとは既存のソフトやハードウェアを使っていないので、テスト回数がとても増えるんですよね。いまちょっと、作業の映像も映しますね。

※34　ライゾマティクスリサーチ（Rhizomatiks Research）　2016年7月にライゾマティクスは「Research」「Architecture」「Design」の3つの部門を設立。Rhizomatiks Research は、技術と表現の新しい可能性を探求する部門で、メディアアート、データアートといった研究開発要素の強いプロジェクトを中心に扱う。

※35　MIKIKO（ミキコ）　1977年広島県生まれ。演出家、振付家。アクターズスクール広島開校と同時にダンス指導を開始、のちのPerfumeメンバー（当時小学校5年生）も教え子であり、以降、Perfumeの楽曲すべての振り付けをする。2009年に女性ダンスカンパニー「ELEVENPLAY」を立ち上げる。2016年リオ五輪閉会式における、五輪旗引き継ぎの芸術パートを担当、さらにテレビドラマ『逃げるは恥だが役に立つ』エンディングの振り付け（恋ダンス）を担当し、大きな反響を呼ぶ。

（複数のスタッフが、女性ダンサーが踊る姿を見ながら確認作業をしている映像が流れる）

真鍋　これは、つくばにあるスタジオです。このスタジオは宿泊施設もあって3食ごはんも出るんですよ。ライゾマティクスはいまスタッフ40人くらいなんですが、明確にチーム分けがあって、Ｐｅｒｆｕｍｅのライブ担当は僕と石橋素さんがメイン。本番と同じステージを組んで、ひたすらテストとチェックをしてます。

片山　このテストは、どのくらいの時期にやったんですか。

真鍋　本番のだいたい1か月くらい前ですね。

片山　このダンサーの女の子たちは？

真鍋　ＥＬＥＶＥＮＰＬＡＹ※36という、ＭＩＫＩＫＯさんが主宰するダンスカンパニーのメンバーです。新しい作品は彼女たちとプロトタイプ的につくっていくケースが多いですね。そこで演出的に使いにくいテクノロジーはボツになる。とはいえ完全にボツにしてしまうのはもったいないから、ＥＬＥＶＥＮＰＬＡＹの作品として映像に残すという。いわゆるエンタメ系は、機材と業者さんの関係である程度できることが決まってしまうんです。でも演出家に制約を与えたくないんですよ。そこで演出の可能性を広げるのがテクノロジーかなと。

片山　動いているパフォーマーの衣装に、映像を映す演出もありますよね。映写の光源が空間で絡んだりしないのか、不思議に思っていました。

真鍋　洋服を特殊な素材でつくってるんです。赤外線を多く反射させる素材とか。そう

※36　ELEVENPLAY（イレブンプレイ）演出振付家MIKIKOが主宰する女性ダンスグループ。ジャンルの異なるダンサーたちで編成され、メンバーは時期によって異なる。2009年より活動。舞台、ミュージックビデオ、映画、ドラマ、スチールなど、表現の場を様々に持つ。ライゾマティクスとのコラボレーション多数。2014年世界屈指のフェスティバル「Sonar Music Festival 2014」に出演、さらにメキシコツアーを行い、活躍の場を海外にも広げている。

した素材に合わせての投射ですから、ぶつかることはありません。

片山　なるほどー。ダンサーにはストレスはないんですよね？　最初、映像に合わせて動いているのかと思いましたが、そうではなくて自由に動いている。

真鍋　そうですね、演出家にも、ダンサーにも、制約はできるだけ少なく。エンタメのいいところは、仕組みをすべて明かさなくていい、むしろ裏側の事情を知ってもらう必要がないところなんですね。今日はこういう場だから説明していますけれど。

片山　Ｐｅｒｆｕｍｅに初めて関わったのは何年くらい前ですか？

真鍋　最初は２０１０年です。もともとＩＡＭＡＳにいた頃にまわりですごく流行っていて、よくＰｅｒｆｕｍｅとテクノロジーをかけ合わせたら面白いことといろいろできるよね、って話をしてたんですよ。相性がいいって。それで実は3年くらいずっとプレゼンしていたんですけど、顔に電流を流している怪しい人だと思われて敬遠されていたらしいです。あとから聞いた話ですけど（笑）。

失敗が許されない状況でのテクニック

片山　それにしても先端技術を開発するって、予算としては壮大なものなんでしょうね。

真鍋　こういうところでお金の話をするのは難しいんですけど、まあ、すごい金額でやってます。というか、本当に超一流のエンジニアたちが、長い時間をかけて集中して開発しているので。エンタメの世界って一昔前は、お金にならない分野と言われていたんです。ギャラ度外視で、いくらでもいいからやりたい、という人が多いから。でもいまや音楽シーンもCDの売り上げからライブの収益に比重が移ってきていますよね。ある時期を境に、演出への予算のかけ方がガラッと変わりました。

片山　ここ数年で、相当大きく変わったと聞きますね。

真鍋　5年前とは確実に変わっています。以前は、広告の案件で稼いだお金を使ってアートやエンタメ分野で好きなことをやる、という考え方が主流でした。最近やっと、エンタメだけで、きちんと独立したビジネスができるようになってきた感覚がありますね。とはいえダンスの実験的なプロジェクトになると予算がまだつきにくいので、どうしても持ち出しでやることになりますが。

片山　少しずつ真鍋さんが変えていったっていう感覚もありますよね？

真鍋　そうですね、10年かかってやっとここまで来たかなと。もっとも10年前も、広告とかハイブランドのパーティーの演出などをやっていたので、それはそれで、ビジネスとしては良かったんですよ。ただその分野は、参入障壁が当時に比べるとすごく低くなっていますよね。誰もやらないようなことを切り開いていかざるを得なくなりました。

片山　機材の進歩や、技術の一般化もすごいスピードですもんね。

真鍋　あとライゾマティクス自体も、数名でやっていた頃と40人になったいまでは、ビジネスの考え方自体を変えていかなきゃいけないところもあって。一応経営者として名を連ねているので、そのあたりも考える必要はあるんですよね。まあ僕は、あまりわかってないところもあるんですけど（笑）。それと花井くんが入ってきて、仮想現実系のすごい演出が可能になったこと。あと2012年から徐々に進めてきたドローンを使った演出が、最近やっと形になってきたこと。それらの要素も、ビジネスとして提案しやすくなった、大きな要因だと思っています。

片山 いまドローンのお話が出ました。それで真っ先に思い付くのは、2014年のNHK紅白歌合戦でのPerfumeの演出だと思うんです。そのお話もぜひ。

真鍋 ドローンを使った演出を考え始めたのは2012年頃です。当時は海外でヘリショーが流行っていて、オーストリアのリンツで開催された「アルス・エレクトリカ」[※37]というフェスで、花火のようなドローンショーを見たんですよ。同じ時期にカンヌで、客席にドローンを飛ばすステージショーがすごく話題になって。その頃からダンサーとドローンが一緒にやるステージを考え始めました。でも最初はダンサーさんたちも、ドローンと一緒に踊るのは怖かったみたいです。実際に最近でも、メキシコで行われたコンサートで、歌手が浮いているドローンを手で掴もうとして指を切ってしまったという事故がありましたし。

片山 距離感を測るのにも、コツがいるのでしょうね。

真鍋 適正な距離は、何回かやっているうちにわかる感じですね。テクノロジーと人間の距離感も興味深いです。あとは、ちょっと不安定な動きが出たほうが踊りっぽくなるとか。でも紅白でドローンを飛ばした時は、人生でいちばん緊張しました。

片山 失敗は許されないですよね。

真鍋 紅白で失敗したら引退ものですね。

※37 アルス・エレクトロニカ(Ars Electronica)、オーストリアのリンツで開催される芸術・先端技術・文化の祭典。メディアアートに関する世界的なイベント。1979年から開催されているメディア・デジタルアートで最も権威あるフェスティバル「インターナショナル・ブルックナー・フェスティバル」の一環として始まり、1986年には独立したイベントとして例年開催されるようになった。

片山　紅白では真鍋さんも現場にいたんですよね？

真鍋　いました。でも始まったらもう、何かあった時に非常ボタンを押すくらいしかできないので。非常ボタン待ちというか、無事に終わることを祈るしかないというか。

片山　万が一の場合はどうなるんですか。

真鍋　緊急着陸させるとか、いくつものシミュレーションをしてあります。どのパターンにも対応できるように、僕以外にも3人くらいスタンバイして見守っていました。

片山　テストの時点では、失敗もあるんですよね？

真鍋　あります。でっかいアリーナでテストしたのに飛ばなかったり。ネットワークのトラブルで無線が切れて突然落ちたり。成功に行きつくまでには、いろいろな要因の、いろいろな失敗がありました。ドローンはもう、半分意地でやってたみたいなところもありました。

片山　よくNHKでやらせてくれましたよね。

真鍋　最初は2012年に提案したんですよ。その時は「ステージ前に、安全用のネットを張ってくれ」と言われました。それは見た目が良くないし、僕らのドローンもまだテスト段階だったので、延期することにして。2013年はドローンは完成していたんですが、今度は「ドローンに紐をつけてほしい」という条件が出ました。紐をつけるほうが、絡まったりして危ないんですよ。それで諦めて違う演出にしました。そして2014年、ドローンの完成度も高まり、ELEVENPLAYに協力してつくったデモ映像で許可が取れて、やっと披露できることになったんです。

片山　以前お話を伺った時に、「演出に失敗はないんですか」と尋ねたら「ない」と断言されて、それがとても印象に残っているんです。やはりそれだけ入念にチェックを繰り返しているからこその自信なのでしょうか。

真鍋　失敗というか、いくつものシミュレーションの中で、第一希望にならないことはまあ、あります。バックアップの第二希望のプランで続けていることは実はめちゃくちゃ多いです。ただそれはお客さんから見て、失敗とは映らないと思うんですよ。演出として第一希望ではなくても、総合的に問題がなければＯＫというところもありますから。失敗に見えないところまではなんとか担保する、というほうが近いかな。例えば点灯するはずの照明がつかなかったとして、すぐにやり直したら、かえって悪目立ちします。そうではなく、冷静に待って次の小節の頭で点灯させれば、最初からそういう演出だったと思ってもらえる。そういうテクニックはいろいろあります。

片山　パニックになることはないんですか？　僕だったら、慌ててしまいそうです。

真鍋　一瞬にして時間が止まって、冷静にババッと処理する感覚ですね。とはいえ、みんなが冷静にやれたらベストですが、そうはいかないこともまああります。

片山　２０１４年は広告の案件でも素晴らしい功績を上げられています。ＨＯＮＤＡの「Sound of Honda／Ayrton Senna 1989」は、※38カンヌライオンズ２０１４で７部門15個の賞を受賞、さらに最高賞といわれるチタニウムライオンのグランプリも獲得。こちらの映像は、ほかにもたくさんの賞を獲得されました。

真鍋　苦労した甲斐がありました。

※38　カンヌライオンズ　毎年６月にフランスのカンヌで１週間開かれる、世界最大級の規模を誇る広告賞。カンヌ映画祭の中で劇場広告のコンクールとして産声を上げたが、１９５４年から独立開催。正式名称は「Cannes Lions International Festival of Creativity」（日本語名称「カンヌライオンズ国際クリエイティビティ・フェスティバル」）。

片山　こちらもどんな作品なのか、説明をいただけますか。

真鍋　カンヌライオンズや「SXSW」のコーディネートをしている、電通のクリエイティブディレクター菅野薫くんから依頼されたプロジェクトです。１９９４年に事故死してしまったアイルトン・セナ[※39]という伝説のＦ１レーサーがいます。僕はリアルタイムで見ていた世代なので、本当に、あんなレーサーはもう二度と現れないんじゃないかと思っているんですが。彼は１９８９年の日本グランプリ予選で、鈴鹿サーキットにおいてＦ１世界最速ラップを樹立しました。そのラップの記録データを使って、当日のそのままの走りを音や光で再現し、セナへの追悼とリスペクトを表現しようと試みたプロジェクトです。

片山　技術的には、どのようなデータを使っての表現なんですか。

真鍋　「テレメトリーシステム」という、当時ＨＯＮＤＡが開発した、車載センサーからリアルタイムでデータを収集するシステムに保存されていた走行データを解析して、当日のセナの走りを再現しました。実際に映像を見てもらいますね。

（「Sound of Honda／Ayrton Senna 1989」上映）

片山　すごい迫力ですね。エンジン音もそのままに。音と光だけの演出なのに、本当にサーキットでセナが走っているかのようです。

真鍋　これは史上最高くらいに大変なプロジェクトでした。鈴鹿サーキットは１周が５・

※39　アイルトン・セナ・ダ・シルバ（Ayrton Senna da Silva　1960年3月21日―1994年5月1日）は、ブラジル人の元レーシング・ドライバー。F1世界選手権において、1988年・1990年・1991年と、計3度ワールドチャンピオンを獲得した。1994年5月1日サンマリノグランプリの事故により死去。

８km。そこにＬＥＤやケーブルを配置するだけでも大変な作業です。さらに市販のケーブルは高くて使えないから、ぜんぶ自作でやらなきゃいけないですし。ただこの規模のプロジェクトは自分だけではできませんから、関わることができて嬉しかったです。

片山　お話を伺っていると、細かな努力の連続ですよね。本番の華やかさの裏では、地道な作業をコツコツと続けられている……。

真鍋　すごい地味ですよ（笑）。８時間でどれだけ多くのケーブルを設置できるかとか。意外と地道なノウハウが重要なんです。

人工知能は自分の分身になりうるか？

片山　人工知能を使った作品も開発されていますよね。

真鍋　これまでは予めプログラムされたシステムで、入ってきた情報を解析して処理してきたわけですが、もうちょっと先に行くなら、人工知能的な方面をやったら面白いんじゃないかと。といっても僕も最初は全然知識がなく、詳しい人に教えてもらいながら少しずつ時間をかけてやってきて、やっと最近、いろいろできるようになってきたところです。

片山　それはどんな作品になるんでしょうか。

真鍋　《LOVE+1+1》[※40]という作品は、干渉者がマイクで話しかけた言葉に合わせて歌詞を自動生成して、やくしまるえつこの声で歌ってくれるマシンです。「人生は花」とい

※40　やくしまるえつこ（やくしまる・えつこ）　音楽家。「相対性理論」「やくしまるえつこ と d.v.d」など数多くのプロジェクトのほか、生体データから人工衛星まで用いた作品を続々と発表。また楽曲提供なども行う。音楽に限らず、イラストやドローイング作品、朗読、ナレーションなど様々な分野で活動中。

う言葉でやってみた映像があるので、ちょっと流しますね。ファイル数が大変なことになってました。

（《LOVE+1+1》のテスト映像が映る）

真鍋　やくしまるさんには50音をひとつひとつ、ぜんぶ、歌ってもらいました。

片山　ほんとにやくしまるえつこさんが歌っているみたいです。

真鍋　データベースは、現在ある日本のポップソング約6万5000曲です。人工知能が何をしているかというと、その中で「人生」と「花」について歌っている曲を探して、さらに恋愛をテーマにしているフレーズに絞り込む。それでも膨大なので、五七五七七のように短歌になりそうなフレーズを絞り出す。そこからやくしまるえつこっぽさを出すため、彼女のこれまでのインタビュー記事だとか、書いたメールの文章だとかを全部集めて解析して、語尾をやくしまるえつこっぽくしています。

片山　フレーズというか、歌詞の素材はどこからデータを持ってきているんですか。

片山　へえええ。

真鍋　それから、人工知能にリクエストする際のルールとして、そのフレーズを使用しているアーティストがひとりしかいない場合は除外します。例えば「繰り返すこのポリリズム」という歌詞はＰｅｒｆｕｍｅ以外にいないですよね。これは著作権対策で。そういうルールはほかにも、いくつか決めています。

片山　なるほどー。

真鍋　あともうひとつ、人工知能を使った作品を紹介していいですか。『プロフェッショナル』に出演した時に使ったシステムです。片山さんも以前、『プロフェッショナル』に出演されましたよね。最後に必ず「あなたにとってプロフェッショナルとは？」って聞かれるじゃないですか。あれ、まともに答えるの嫌だなと思って、代案として出したものなんですけど。

片山　僕は出演した時、すごく考えて、素直に答えましたよ（笑）。

真鍋　もちろんちゃんと答えていいんですけど、一言でまとめてしまったら、一生そのレッテルを貼られるんじゃないかと思って。そこまでの覚悟を持って言える定義を考えるのは、僕には難しかったんですよ。それで番組側に「人工知能に答えさせてもいいですか」と聞いたらＯＫが出たので、生放送で「プロフェッショナルとは何か」という言葉の定義の自動生成を流しました。

片山　生放送だったんですね。

真鍋　それも裏事情があって、こちらからお願いしたんです。というのも紅白でＰｅｒｆｕｍｅのドローンを飛ばすために、「生放送で成功させた」という実績がほしかったんですよ。翌年の『ネクストワールド 私たちの未来』[※41]の出演も決まっていたので、そこで使う映像合成のテストも兼ねていました。

片山　「プロフェッショナルとは何か」の定義を自動生成する人工知能は、どんなデータがベースになっているんですか？

※41『ネクストワールド 私たちの未来』 2015年1月3日から2月8日まで、NHKスペシャルのシリーズとして放送された科学情報番組。5回にわたってビジネス、医療、娯楽などの分野で日々出現する新たなテクノロジーを、第一線の研究者たちのドキュメンタリーを含めて紹介。

真鍋　まず自分が書いた過去のメールやブログ、SNS、あるいは口癖からよく出てくる言葉をデータ収集しました。恥ずかしいんですけど、こういう機会があるかなと思って、メールもブログもぜんぶログを取っておいたんですよ。使用頻度もわかるようにして、ジェネレーターにできるように用意してありました。それで2、3万のフレーズはできるんですけど、まだ足りなかったので、「TED」※42でよく使われている言葉も抽出しました。様々なジャンルのプロフェッショナルがプレゼンテーションする番組なので。このジェネレーター※43はウェブでも見ることができます。

片山　いまやってみてもらえませんか。生成※44された言葉をスクリーンに映します。

普通でも実現でもない一番をつける人かもです。

真鍋　弱気ですね（笑）。

片山　へえー面白い。何回かやってもらっていいですか。

環境を分かる、そして周りを分かる人

トップ、言葉、限界を捨てる人の巻

真鍋　時々それっぽいのもあるけど、意味が通じないのもありますね（笑）。

片山　すごいなあ。……最近ではどんなテーマを？

※42　「TED」1990年よりカナダ、ブリティッシュコロンビア州バンクーバーにて、毎年開催される講演会。5日間にわたって開催されるカンファレンスには、あらゆるジャンルの第一人者である約70人のプレゼンター、パフォーマーが登壇し、その講演をおよそ1000人の観客が聞く形式となっている。

※43　ジェネレーターURL http://professional.rzm.co.jp/

※44

真鍋　あとは人工知能で自分の分身をつくって、そいつにDJやラップをさせるっていうのを試行中です。これも自分がかけたプレイリストのデータが8年分あるので、それをベースにして。ただ、リリック（歌詞）がなかなか大変ですね。どうやって韻を踏ませるかというのが難しい。まだまだうまくいかないことが多いんですけど、ちょっとずつでも進めていければと思っています。

会いたい人には、どんどん会いに行こう

片山　それではここから、学生の質問コーナーに移りたいと思います。質問がある人、手を挙げて……では真ん中あたりに座っている、白い服を着ている女性。どうぞ。

学生A　空間演出デザイン学科2年です。素晴らしいお話をありがとうございました。最初のほうで、自分の表情をほかの人にコピーするという作品についての紹介がありましたが、腕や脚といった大きな筋肉も動かせるんでしょうか。もし可能な場合、例えばPerfumeのダンスの動きを、私たちが完璧にトレースすることもできるようになるんでしょうか。

真鍋　それは結構難しいです。基本的に人間の身体って、力を抜くとだらっとなっちゃって自立できないんですよ。重力に抵抗するために筋力を使っているので。もしやるとしたら、ワイヤーか何かで釣り上げて空中でやるか、あるいは寝っ転がって脱力した状態でやるかになりますね。腕だけならもしかしたらできるかもしれないけれど、脚の筋肉

はそもそも身体全体を支えるために使っちゃっているので、外から操作するのは厳しいです。

片山　パワースーツみたいなのを着たらどうなんでしょう。

真鍋　そうですね、そういうものを使うなら、マリオネット的にいろいろ操作できると思います。ただ筋肉を収縮させるやり方では難しいかなと。実はPV制作の時に、スタッフに協力してもらっていろいろ試してみたんですが、指先だけでも、Ｐｅｒｆｕｍｅの踊りは複雑だからダメでした。ソフトバンクのペッパーくん※45でも、振りのコピーはできませんでした。ちょっとランダムに動かすだけで、すぐに様子がおかしくなってしまって。

学生A　わかりました、ありがとうございました。

片山　じゃあ次は、その隣の列の、赤いシャツを着ている彼女。

学生B　映像学科の3年です。真鍋さんはずっと、人体を好んで扱っているように思ったのですが、こだわっていらっしゃるんですか。

真鍋　「人体にこだわってつくっている路線がいくつかある」って感じです。その路線は、ほかのテーマに分岐することも、逆に集約することもあるんですけど。

学生B　人体に興味を持ったきっかけというのは……。

真鍋　ＩＡＭＡＳで骨伝導椅子をつくっている頃から、人体をテーマにやっているんですよね。特にダンスを知ってから興味が深くなりました。身体そのものにも興味があるし、ステージでのパフォーマンスにも興味があるし、そうやって表現されたデータをど

※45　ペッパーくん（Pepper）　ソフトバンクから発売されている人型ロボット。２０１４年に発表され、２０１５年に販売。人工知能部分は、フランスのALDEBARAN Robotics SAS社が開発したもので、「感情エンジン」と「クラウドＡＩ」を搭載し、世界初の感情認識ができるパーソナルロボットとして大きく話題に。先行販売された限定３００体は1分で売り切れた。

う使うかにも興味があります。あとはさっき人工知能のところでお話したように、自分の分身をつくることにも興味がある。先ほど見てもらったような自動生成も、肉体は伴わないけれど、自分の分身だという考え方ができると思っています。

片山　自分自身のデータを元に、つくっているわけですからね。

真鍋　ダンスの動きも、いずれ自動生成できるようなシステムをつくってみたいんですよ。ただまずはデータを集めるところからなので。アイドルの動きや、伝統芸能の動きがすべてデータになっていればすぐにでも取り掛かれるんですけど。

学生B　はい、ありがとうございました。

片山　もうひとりくらい大丈夫かな。じゃあ最後は、男性、行きましょう。後ろの席で手を挙げている彼に、マイクを渡してください。

学生C　ありがとうございます。デザイン情報学科2年です。幅広く最新の技術を入手されていると思うのですが、そういうひとつひとつの技術に対する調べものみたいなのは、どのくらいされているのでしょうか。例えば「筋電センサー」だったら、電流が身体に流れる量とかも調べることになりますよね。そういう時に、どのくらいの情報量を追求するのか、その情報はどこで得られるのか気になって、質問させていただきました。

真鍋　僕は専門家に会いに行って話を聞くのがいちばん早いと思っています。自分で論文を調べて……という方法もできるとは思いますが、興味の範囲が広いと、なかなか深くは知ることができない。時間に限界もあります。例えば生体に関しては、先ほどピリマシーンの開発者として名前が出た、照岡正樹さんという生体に詳しい研究者に話を聞きに行きます。映像表現でもワークショップでも大体、照岡さんの監修の下でやっています。

片山　フットワーク軽いですよね、真鍋さん。見た目のイメージとちょっと違いました。

真鍋　違いますか（笑）？　どんどん行きますよ。卒業制作でアルミ工場を借りた時と変わらないです。別に失うものは何もないので。それに研究者の人に会いに行くと、論文とかいろいろな資料をくれるので、それを見て理解を深めるパターンが多いです。

片山　研究者の方は研究の成果を話したいから、アポイントさえ取れれば親切に教えてくれるって話をよく聞きます。アポを取るのが大変なんでしょうけれど。

真鍋　そう思います。人工知能の機械学習について勉強した時は、脳科学を専門に研究されている神谷之康先生[※46]に、4時間くらい個人レクチャーを受けました。論文を読むだけだと、わからないところが出てきたら、そこで止まっちゃうじゃないですか。でも会えば疑問点をその場で聞ける。雑誌『SWITCH』で連載をやっているので、それにかこつけて、会いたい人に会いに行ってます。

片山　僕も「instigator」は、自分が会いたい人をお呼びしている部分が大きいです。

真鍋　学生はどうしたらいいんでしょうね。

片山　積極的に行けば会ってくれるんじゃないかなあ。

真鍋　そんな気がしますよね。

学生C　あと、最新の技術の情報をどうやって知るのかも、お聞きしたいです。

真鍋　紹介制のクローズドなメーリングリストがいくつかあって、そういうところで情

※46　神谷之康（かみたに・ゆきやす）1970年奈良県生まれ。2015年から京都大学大学院情報学研究科・教授。機械学習を用いて脳信号を解読する脳情報デコーディング技術のパイオニア。ヒトの脳から、視覚イメージや夢を解読することに世界で初めて成功した。2014年日本学術振興会賞受賞。

報をもらうことが多いです。ただそれはメンバーの紹介と審査が必要なコミュニティなので、学生さんへの答えとしては現実的じゃないですよね。とすると……メディアアートの情報なら、関連するフェスやイベントに行きまくるのが早いと思う。

片山　どのフェスがおすすめですか。

真鍋　できれば海外の。日本のシーンでも面白いことをしている方はいますが、海外の潮流からは離れちゃっている印象があるので。先ほども話したオーストリアの「アルス・エレクトロニカ」とか、スウェーデンの「クランディスティーノ」※47とか。メディアアートのフェスは世界中で開催されています。僕は呼ばれて行くことも多いんですけど、ネタ探しに行く気持ちも強いです。フェスに行ったら、どんどんワークショップにも参加するといいですよ。海外のフェスって、アーティストと実際に話せる場がすごく多いんです。夜に近くのクラブに行くと普通にみんないるので、そこでも積極的に話しかけるといいのでは。フレンドリーな人が多いので、臆せずに。

学生C　わかりました、ありがとうございました。

伸びしろのないことはやらない

片山　では、最後に僕からの質問です。真鍋さんは10年後、どんなことをしていると思いますか。あるいは、何をしていたいですか。どんなことでもいいので、10年後の真鍋大度について、教えてください。

※47　クランディスティーノ（Clandestino Festival）スウェーデン、ヨーテボリを中心に、毎年6月に開催されるアートフェスティバル。多文化のプログラミングビジュアルアートをはじめ、前衛音楽、映画など、世界中から様々な作品、アーティストが集まる。

真鍋　10年前って、2005年ですよね。当時やっていたことを考えると、仕事内容としてはそんなに進化してないんですよ。当時まだそんなに知られてなかったドローンや機械学習が普及するようにはなったけど。そういった技術の一般化はあると思いますが、自分がやること自体は、あまり変わらないいんじゃないかな……。

片山　ダンスを極められるという可能性は？

真鍋　それはどうでしょう（笑）。でもそうですね、会社が倒産して、職がなくなっている可能性だってありますよね。これまでも選択肢によってはそういう可能性はあったんです。例えば昔、広告をやっていた頃に、「技術をパッケージ化して売ったほうがいいんじゃないか」と、いろんな人にすすめられました。それが当時は正統派のビジネスのやり方だったんです。でもそれをやってたら今頃、ライゾマティクスという会社は、なくなっていたでしょうね。

片山　技術の進化はほんとに目まぐるしいスピードですものね。

真鍋　そうなんです。パッケージ化して売るというやり方には伸びしろがない、それをやったら終わると思って頑なに避けてきました。……10年か。振り返るのは簡単ですけど、未来を予測するのは難しいですね。

片山　10年は、長いですか、短いですか。

真鍋　短いです。だから現在やっていることから、そんなには離れることはないでしょう。年齢的に考えても、そんなに大きな変化はないんじゃないかと思います。

片山　真鍋さんはいま38歳。10年後でもいまの僕より1歳若いんですね。

真鍋　どうですか、38歳から48歳までの10年。変わりますかね。

片山　その頃にはもう、２０２０年の東京オリンピックも終わってますからね。

真鍋　そうか、そうですね。でもまあ、僕自身はあんまり変わってない気がします。すみません、こんな答えで。

片山　とんでもない。これから真鍋さんがどんなふうに進化されていくのか、ますます気になります。今日は本当に、誰もが知っているような大規模なエンタメの世界から、自主的な研究、さらには実演まで、幅広いネタを披露してくださって、学生のみんな、楽しみながらすごくいい刺激をもらったと思います。本当に、どうもありがとうございました！

真鍋大度先輩が教えてくれた、「未来」の「仕事」をつくるためのヒント！

□IAMAS時代はとにかくお金がなくて、学食で「定食のおかずいらないから、ごはんと味噌汁で80円にしてください」と交渉するような日々でした。

□手元にある機材とリソースを生かす新しいやり方を、常に考えています。例えばクラブイベントで酔っ払って寝ている人を見たら「電気刺激装置とレーザーモジュールをつけておけば、演出装置としていい仕事をしてくれるんじゃないか」と。

□口からＬＥＤの配線が見えてるのが気になって、自分の頬に穴を開けようか、かなり悩みました。

□８時間でどれだけ多くのケーブルを設置できるかとか。意外と地道なノウハウが重要なんです。

□身体そのものにも興味があるし、ステージでのパフォーマンスにも興味があるし、そうやって表現されたデータをどう使うかにも興味があります。

□興味の範囲が広いと、自分で調べることにも限界があります。知りたい最新技術があったら、専門家に会いに行って話を聞くのがいちばん早い。

Music for **instigator**
Selected by Shinichi Osawa

#013

1	Je T'aime... Moi Non Plus	Gainsbourg Cherche
2	Red Sex	Vessel
3	King Heroin	James Brown
4	The Sweetest Girl	Scritti Politti
5	Ash	Shinichi Osawa
6	Thru	Vallis Alps
7	Gigantic	Eddi Front
8	On__On	Unknown
9	Lights On	FKA twigs
10	羽の林で	Ryuichi Sakamoto
11	Trust Me Billy	Protomartyr
12	Luxury	Blludd Relations
13	Leaving My Old Life Behind	Franz Ferdinand
14	I'll Be Back	Kindness
15	Battle Rhymes For Battle Times	Koushik
16	Unkool	Fx Mchn
17	XP25	Mark Mothersbaugh
18	Parfum De L'Aube	Yukihiro Takahashi

※上記トラックリストはinstigator official site（http://instigator.jp）でお楽しみいただけます。

#014

EXILE HIRO

EXILE HIRO

プロデューサー

神奈川県出身。1990年にZOOのメンバーとしてデビュー。1999年J Soul Brothersを結成し、2001年EXILEと改名して再始動。パフォーマー兼リーダーとして、EXILEを国民的グループに押し上げる。2013年パフォーマーを勇退。2015年12月には、ダンスパフォーマンスとボーカルを巧みに組み合わせた活動のほか、プロデューサーとしての活躍も評価され、日本の芸術文化の振興に貢献しているとして、芸術文化活動などで優れた功績を挙げた人に贈られる文化庁長官表彰を受ける。2017年からLDH新体制においてLDH WORLDのチーフ・クリエイティブ・オフィサーとしてクリエイティブを統括し、世界の拠点と連携し世界基準でのエンタテインメント創造に情熱を注いでいる。

メンバーひとりひとりの夢をサポートして、
みんながEXILEという場所で輝けるように。
そう考えると、自然にやらなきゃいけない
答えが見えてきます。

中学2年生までは、野球選手になりたかった

片山　みなさん、こんにちは。今回のゲストは、EXILE HIROさんです。[※1]みんなが知っているとおり、ご自身がアーティストでありながら、多くのグループを率いるプロデューサーでもあります。今晩はそんな多才なHIROさんの素顔を、現在過去未来にわたって、聞いていきます。では、お呼びしましょう。HIROさんです、どうぞ！

HIRO　こんにちは。ありがとうございます。こうして直接お話する機会ってなかなかないので、緊張しています。

片山　講義やトークショーはあまりされないそうですね。意外でした。

HIRO　テレビのトーク番組ならあるんですけれど。しゃべりがうまくなくてあまり良いことと言えないかもしれないんですけど、がんばりますので、よろしくお願いします。

片山　では早速ですが。まずは少年時代のHIROさんについて伺います。広島生まれの横浜育ちとのことですが、広島に住んでいた頃の記憶はありますか？

HIRO　いえ、物心ついた時には、すでに横浜ですね。[※2]

片山　いまスクリーンに小学生時代のHIROさんの写真が映っています。なんだか、かわいらしい感じですよね。

HIRO　こんな写真、よくありましたね。

片山　事務所の方に無理を言って入手しました（笑）。

※1　EXILE（エグザイル）前身となるダンス&ボーカルグループJ Soul Brothers（1999年結成）が名前を変え、2001年9月シングル『Your eyes only～曖昧なぼくの輪郭～』でデビュー。当時のメンバーはHIRO、MATSU、USA、MAKIDAI、ATSUSHI、SHUN。2006年にSHUNが脱退、TAKAHIROが加入し「第二章」が開幕。2008年『Ti Amo』で第50回日本レコード大賞受賞。2009年に二代目J Soul Brothersのメンバーが加入し「第三章」が開幕する。2013年12月31日にHIROがパフォーマーを勇退、2014年より「第四章」がスタート。

HIRO　なんでこの写真をセレクトしたんだろう（笑）。まだ髪が長いから、小学校低学年ですね。高学年になると本格的に野球を始めて、もっと短くなるので。

片山　毎回ゲストの方に幼少期の話を伺うんですが、大きくふたつのタイプに分かれるように思います。親御さんがアーティストだったり家庭に独特の教育方針があったりして、子どもの頃から特殊な環境で育った方。あるいは、ごく一般的な家庭環境で育った方。ＨＩＲＯさんは、ご自身でどちらのタイプだと思いますか。

HIRO　僕は完全に後者です。親はごく普通のサラリーマンで、団地に住んでいました。

片山　幼少期から音楽やファッションが好きだったとか、そういったことは？

HIRO　いや、全然です。好奇心旺盛ではあったけど、外でひたすら元気に遊んでいるような子どもでした。僕らの時代は野球が流行っていたので、小学校3、4年生ぐらいから少年野球を始めて、中学の途中までは、かなり真剣にやっていましたね。

片山　本格的にプロ野球選手を目指していらしたとも聞きました。

HIRO　そうなんです。性格が負けず嫌いだったこともあって。甲子園出場とか、プロ野球選手になるとか、目標を大きく掲げて一生懸命、練習していました。ただ中学2年生の時に、野球部をクビになってしまいまして。

片山　それは、どういった理由で……？

HIRO　あのー、なんかちょっとこう、校則的にやっちゃいけないようなことをやってしまいまして（笑）。そんなに大したことじゃないんですけど、学校側とぶつかっちゃっ

※2　写真

たんですね。真剣に野球をやっていたのは本当なので、かなり悩んだんですけど。でもそこで野球そのものもやめてしまいました。

片山　でも、だからこそ、いまのＨＩＲＯさんがあるわけですよね。

ＨＩＲＯ　野球をやっていた頃も、音楽を聞いてはいたんです。ローカル局のテレビ神奈川では、『ビルボードトップ40』というような音楽番組があり、日常的に洋楽が流れていました。だから小学生の頃から、洋楽もＪ－ＰＯＰも、同じように好きで聞いていました。その土台があったうえで、野球部をやめたのをきっかけに、ちょっとミーハー心に火がついたというか（笑）。ディスコや音楽に興味が寄っていった感じですね。

片山　僕も中学で野球をやっていたんですけど、音楽方面にも興味のある野球少年って少なくないですか？　両方とも好きだったって、珍しいような。

ＨＩＲＯ　その当時、僕らのまわりは、わりとみんなそんな感じでした。中学生なのにディスコに行っている友だちが何人もいましたよ。横浜という土地柄かもしれないですね。いまは絶対ダメですが。自分もずっとディスコに興味があって、好奇心で初めて潜入したのが中学3年生の春だったかな。野球部の時に五分刈りだった髪の毛がだいぶ伸びてきて、そろそろ行けるかなと。典型的な野球部くずれタイプですね（笑）。

片山　バレないものですか。

ＨＩＲＯ　当時は身分証の確認もなくて、ゆるかったんですよ。そうして初めて行った時の衝撃がほんとにすごくて、忘れられなくて。なんていうんだろう、音楽にも、踊ることにも、遊び場としての空間そのものにも感銘を受けて、一気にハマりました。

アルバイトをしながらのディスコ通い

片山　野球少年が、一転して音楽やクラブシーンの方向へ。

HIRO　そうですね。不良ってわけじゃないんですよ、いまよりもずっと自由な時代だったから、中学生が夜遊んでいても、そんなに厳しくは言われませんでした。

片山　でもすごいのが、そうやって遊んでいながら、高校はきちんと金沢高校という進学校に入学されてるんですよね。偏差値も結構高いの。音楽や芸能関係ではなく、大学に進学して就職して……という選択肢だってありえたわけですよね。

HIRO　野球をやめてからは、やりたいことを決めつけないようにしていた気がします。その時々に自分が好きだと思ったことを研究していたというか、一生懸命遊んでいたというか（笑）。

片山　高校時代もディスコ通いは続いていたんですよね？

HIRO　はい、でもタダでは遊べないから、いろんな種類のバイトをしましたよ。クリーニング屋とか、蕎麦屋の出前持ちとか、体力を使う日雇いのバイトも。あとはやっぱりディスコ。続いたのもあれば、すぐに辞めちゃったのもありますけど。

片山　エイベックス・グループ・ホールディングスのCEO・松浦勝人[※3]さんと出会ったのも高校時代と聞きました。そのお話も聞かせていただけますか。

HIRO　松浦さんは当時、大学生ながら横浜で「友&愛」という貸しレコード屋さん

※3　松浦勝人（まつうら・まさと）１９６４年神奈川県生まれ。エイベックス・グループ・ホールディングス代表取締役社長CEO。日本大学在学中に貸しレコード店「友&愛」港南台店でアルバイトを始める。オーナーに商才を認められ、フランチャイズ貸しレコード店「友&愛」上大岡店を開業。１９８８年に輸入レコード卸販売会社、エイベックス・ディー・ディー（現・エイベックス・グループ・ホールディングス）を設立。１９９０年、レコードレーベル「avex trax」を設立。以降、音楽業界のみならず多角的な事業を行う。

を任されていたんです。僕はその店に学校帰りいつも通ってたんですけど、何度か行くうちに「どこの学校なの?」って話しかけられて、偶然同じ学校だってことがわかったんですよ。松浦さんは5歳上なので一緒に通った期間はないんですけど、なんだか親近感がわいて。いろんな曲のことを教えてもらったり、おすすめのレコードをタダで貸してもらったり、すごくかわいがっていただきました。

片山　松浦さんはアルバイトでレンタルレコード屋の店長をされていたんですよね。それなのに年商1億2000万円の売り上げを叩き上げたという逸話がありますけれど、当時からそういうすごさみたいなものは感じましたか。

HIRO　高校2年の文化祭で、がんばって本格的なディスコを出したんです。そこで松浦さんはDJやってくれたりして。なんだろう、遊び心もあるけれど仕事もできて、こういう言い方失礼かもしれないですけど、大学生とは思えないくらいしっかりした方でした、いま振り返ってみると。

片山　そのあともお付き合いは続いていくんですよね。

HIRO　そうなんです。僕が「マハラジャ」※4でバイトしていた時にはお客さんで来てくれましたし、いろんなクラブやディスコでもよく顔を合わせていました。ただ松浦さんがエイベックスをつくっていく過程はしばらく聞かされてなくて、「松浦さん、なんで乗ってる車がどんどん良くなっていくんだろう?」みたいに思っていました（笑）。

片山　いまおっしゃったように、HIROさんは高校生の時から「マハラジャ」という、メジャーなディスコでアルバイトをされていました。当時の写真※5がこちらです。

※4　マハラジャ　1982年大阪ミナミに1号店が開店、以降日本全国で展開し、1980年代のバブル期に、ディスコブームを牽引した高級大型ディスコチェーン店。

※5　写真

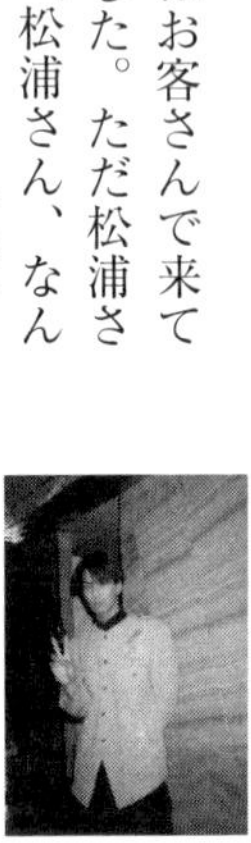

※6　六本木サーカス（THE CIRCUS ROPPONGI）　1989年に六本木スクエアビルにオープン、ブラックミュージ

HIRO　ピースが嫌ですね（笑）。これは日本全国にあったディスコチェーン「マハラジャ」の横浜店で働いていた時です。高校を卒業したあとは、「六本木サーカス[※6]」っていう、ディスコからクラブに移行するような位置付けの店で働くんですけど、これがいま思うとすごい建物でしたね。地下1階から10階までが、ぜんぶディスコなんです。まだカラオケブームが来る前で。

片山　当時はドレスコード厳しかったんですよね。僕なんか、なかなか入れてもらえなかったです。ちゃんとスーツでキメて、時計もロレックスじゃないとダメっていう噂が流れて、借りて着けて行ったりしてましたよ。

HIRO　ほんとですか。まあ、バブルの時代そのものですよね。いま考えると。……こんな話で大丈夫でしょうか。もっとバイトの話とかしたほうがいいのかな。

片山　あとから根掘り葉掘り聞きますから大丈夫です（笑）。

HIRO　心配になってきた。今日、三代目J Soul Brothers[※7]のNAOTO[※8]さんと、いま一緒にPKCZ®[※9]というユニットをやってるVERBAL[※10]さんも見に来てくれてるんです。困ったらふたりに話を振りますから。

（会場、どよめく）

片山　HIROさん、このタイミングでスペシャルゲストをバラしちゃうんですね（笑）。みんなびっくりしてザワザワしちゃって（笑）。あの～、静かにしてください。……はい（笑）。それで話を戻しますが、音楽の世界で生きていこうというのは、もうこのあたりで決めていたんでしょうか。

ックの殿堂と称されたディスコ・クラブ。「六本木スクエアビル」はバブル期の夜の六本木のシンボル的建物だった。

※7　三代目J Soul Brothers（さんだいめ・ジェイ・ソウル・ブラザーズ）2010年11月10日、『Best Friend's Girl』でデビュー。2011年9月4thシングル『FIGHTERS』で初のオリコンシングル首位を獲得。2012年『花火』でNHK紅白歌合戦に初出場。2014年12月30日、『R.Y.U.S.E.I.』で日本レコード大賞を受賞。

※8　NAOTO（ナオト）1983年埼玉県生まれ。元二代目J Soul Brothers。EXILE、三代目J Soul Brothers from EXILE TRIBE、HONEST BOYZ®兼任。自身がプロデュースするブランド「STUDIO SEVEN」を展開。

ＨＩＲＯ　いえ、そこまでではありませんでした。とにかくダンスと音楽が好きで、店に行ってその時間を楽しむ、という。ただサーカスで働いたことは、転機にはなりましたね。海外の著名なアーティストが遊びに来たり、当時ニュージャックスイング[※11]というジャンルが一大ブームだったおかげで、黒人文化にも惹かれるようになって。そこから急激にヒップホップ文化に入り込んでいきました。

突然のデビューと『Choo Choo TRAIN』の大ヒット

片山　ディスコで働くことで、さらにいろいろな吸収をされた時期だったんですね。

ＨＩＲＯ　はい。そうした中である日、宣伝になるから店のユニフォームを着て深夜番組に出演してこいと言われました。その頃はブームでもあったので、ダンスのオーディション番組[※12]とかがあったんですよ。それで応募して出場したら準優勝になって、その流れで、ＺＯＯというダンス＆ボーカルユニットに参加することになりました。

片山　ＨＩＲＯさんが自分から動いたのではなく、なんとなく流れ的に芸能界へ？

ＨＩＲＯ　当時20歳前後、いまのみなさんと同じくらいの年齢だと思うんですけど。もう比較にならないくらい何も考えていませんでした。ほんとその場だけが楽しければそれでいい……とすら、考えていなかった気がします（笑）。

片山　１９８９年にＺＯＯ結成、そして４枚目のシングル『Choo Choo TRAIN』[※13]が爆発的な大ヒット。オリコンチャート最高位３位、セールス１０５万枚という、いまでは

※9 PKCZ®（Primal Knowledge ChamberZ、ピーケーシーズ）２０１４年にEXILE HIROの呼びかけにより結成されたクリエイティブユニット。自らのパフォーマンスほか、音楽、ファッション、カルチャー、テクノロジーをグローバルに楽しみたいという感覚で幅広いプロデュース活動を行う。

※10 VERBAL（バーバル）１９７５年東京都生まれ。MC、DJ、音楽プロデューサー、デザイナー。m-flo、TERIYAKI BOYZ®、PKCZ®、HONEST BOYZ®のメンバー。

考えられないような数字を叩き出すわけですよね。その翌年には武道館でのライブも開催されます。ついこの前までディスコで遊んでいたのに、いきなり武道館というのは、どういう感じですか。

HIRO　踊るのが好きでしたから、多くの人に見てもらえて嬉しいは嬉しいんですけど。でもそうですね、世間知らずのまま売れてしまったので、感動っていうのはそんなありませんでした。それにいまの俺が会ってたらひっぱたくぐらい、勘違いした生意気なガキだったので、当時のことを思い出すのは正直恥ずかしいです。

片山　手がつけられないくらい、やんちゃだったわけですか？

HIRO　そうですね。なんというか、六本木で遊んでるような人たちが集まって好き勝手やってたら、いきなり宝くじで大金を当てちゃった、というようなイメージでしょうか。だからZOOって、『Choo Choo TRAIN』がいちばん売れて、あとは売れてはいたんですけど徐々に徐々に下がってるんです。しっかりした目的意識とか、まわりの方々への感謝の気持ちを持っていないと、自然に淘汰されていくんだなということを身をもって経験しました。

片山　当時は危機意識はありました？

HIRO　本能では感じていたと思います。ただグループ全体も、意思統一されていなかったので。ダンスは好きだけど、深いところでメンバーのひとりひとりが同じ目的に向かっていなかった。そこが長続きしなかった最大の理由でしょう。もっとやれることがいろいろあったよなって思うけれども、でも何も考えずに好きなものだけに没頭でき

※11　ニュージャックスイング　New Jack Swing　80年代後半、アーティスト、音楽プロデューサーのテディー・ライリーが編み出し、ブラック・ミュージック界を席巻したリズム、音楽。

※12　ZOO（ズー）　1989年、テレビ朝日のダンス番組に参加したダンサー8人でダンスユニットを結成。1990年1月に9名となり、5月に『Careless Dance』でCDデビュー。1991年11月発売のシングル『Choo Choo TRAIN』が105万枚の売り上げを記録。1992年12月に武道館公演を開催。1995年12月25日解散。

※13『Choo Choo TRAIN』　ZOO4枚目のシングル曲として1991年11月にリリース。同年10月よりJR東日本「JR Ski Ski」のCMソングに起用され、105万枚の大ヒットとなる。2003年にEXILEがカバーし話題になった。

gator
samichi Katayama @7_401

insti
Open Lecture —hosted

たという意味では、すごくいい青春でした。

片山　ニューヨークに頻繁に行かれるようになったのもZOOの頃ですか？

HIRO　そうですね、20代前半はニューヨークのヒップホップ文化にすごく影響を受けていたので、時間さえあれば当時ストリートダンサーのメッカだったニューヨークに行ってました。当時は日本に来る情報もあまりなく、自分で行って感じたものを日本で表現するやり方が主流だったんです。クラブでタイムリーに活躍しているダンサーやDJのみなさんと話したり、ダンスレッスンを受けたりして、刺激をもらっていました。ほんとにクラブ文化が最高潮に盛り上がっていた時期で。毎年6月に開催されていたミュージックセミナーには勉強のために必ず参加しましたし、それ以外でもファッションからカルチャーから、すべてにおいて現場の雰囲気を体感しましたね。

片山　ニューヨークは当時、治安が悪かったですよね。拳銃を持っている人も多くて。

HIRO　クラブで発砲事件とか日常的にありました。どこもかしこも危なっかしくて。でもまだ若かったからそういうのも刺激的だったんです。

片山　ZOOの活動を続けられつつ、実はこの頃すでに、EXILEの前身である初代※14 J Soul Brothersが誕生しています。

HIRO　ZOOは芸能界というか、いわゆるメジャーシーンでやっているグループでした。でも、僕らはクラブで踊っていたタイプであって、もともとはアンダーグラウンド出身なので、やっぱり両方やりたかったんです。そこでZOOとは別に、当時ロサンゼルスで活動していた、ソウル・ブラザーズっていう大好きなダンスグループのスタイ

※14　初代J Soul Brothers（しょだい・ジェイ・ソウル・ブラザーズ）1999年に結成。メンバーはHIRO、MATSU、USA、MAKIDAI、SASA。グループ名は、アメリカのミュージシャン、ダンサーであるボビー・ブラウンに命

ルを真似して踊っていたんですよ。そしたらボビー・ブラウン[※15]という当時ものすごい影響力があったアーティストが東京にやってきた時に、僕らのダンスを見て「ジャパニーズ・ソウル・ブラザーズだ」と名づけてくれて、さらに「明日からのジャパンツアーに参加しないか」と声を掛けてくれたんです。すごいノリですよね。

片山　それ行かれたんですか？

HIRO　それはもう、すごいチャンスですから。でもバカだから、当時所属していた事務所に無断で横浜アリーナとかに出演しちゃったんです。もう絶対バレるに決まってるじゃないですか、そんなの。

片山　そうですよね。ではそれが問題になったりとか？

HIRO　かなり怒られました。でも自分のやりたい世界でものすごい影響力を持っている世界的なアーティストと一緒に、同じ車でツアーをまわるんですよ。事務所とのトラブルも関係ないと思ってしまうくらい、刺激的で夢のある出来事でしたね。

片山　ボビー・ブラウン、当時すごかったですもんね。それはＺＯＯの解散にもつながっていく話なのでしょうか。

HIRO　それもあると思います。どちらかはっきり住み分けをしなければ、と考えるようになりましたし、ＺＯＯが低迷してきて、みんなの意識がバラバラになっていたのも事実で。

片山　ＨＩＲＯさんが、解散を提案されたという話も聞きました。

HIRO　僕はメンバー内でいちばん年下だったんですけど、うだうだしているのが苦

名された「Japanese Soul Brothers」をアレンジしたもの。2001年にボーカルSASAが脱退し、ATSUSHI、SHUNが加入したことを機に「EXILE」と改名。

※15　ボビー・ブラウン（Bobby Brown）　1969年アメリカ・ボストン生まれのミュージシャン、ダンサー。1983年にアイドルグループのメンバーとしてデビュー、1987年にソロデビュー。1988年発売のアルバム『Don't Be Cruel』は、世界中で累計1000万枚以上を売り上げる大ヒットに。以降1990年代前半までヒットを出し続け、日本でも、彼のファッションやヘアスタイルを真似る「ボビ男（ぼびお）」が多数現れるなど社会現象となった。

手なタイプなので「1回リセットしたほうがいいんじゃないですかね」というような提案をした記憶はあります。みんな仲はいいんですけど、「行きたい道が違うのだから、それぞれの分野で勝負しようぜ」というイメージで分かれていった気がしますね。

初代J Soul Brothersは、路上やモールでのライブから始まった

片山　解散後は、DREAMS COME TRUE[※16]、通称ドリカムのバックダンサーとして活動をされていますね。

HIRO　ZOOが解散する年にドリカムさんに声掛けていただいて、ZOOとしてサポートメンバーをやらせていただいたんです。その次の年も引き続き何人かバックダンサーとして使ってもらって、そのひとりが僕でした。そこで初めてエンタテインメントというものを意識するようになったので、ドリカムのみなさんの影響はすごく大きいかもしれないです。

片山　ドリカムはファンに対しての気遣いがすごいという話を聞きます。

HIRO　コンサートでも、来てくれるお客さんのことを常に考えながら妥協なくつくっていましたね。特にいまも続いている「DREAMS COME TRUE WONDERLAND」という大規模なツアーに参加させていただいてからは、相当な影響を受けました。やっぱりエンタテインメントっていうのは人に喜んでもらったり感動してもらったりすることが基本であって、何をつくるかはそのあとなんだと。それまでは、自分の好きなもの

※16　DREAMS COME TRUE（ドリームズ・カム・トゥルー）1988年に結成。1989年シングル『あなたに会いたくて』とアルバム『DREAMS COME TRUE』同時リリースでデビュー。翌年シングル『笑顔の行方』がオリコントップ10にランクイン、立て続けに『決戦は金曜日』から『LOVE LOVE LOVE』の4作がミリオンセラーに。5thアルバム『The Swinging Star』はオリコン史上初の累計売上枚数300万枚を突破した作品となった。

を押し通して「これが俺たちだ」「わかってよ」みたいな感じだったんですね。それがドリカムさんたちと出会うことによって視野が広がった気がします。

片山　ZOOを解散して、ドリカムのサポートメンバーをされていた。一見下積みのようなこの時期にこそ、HIROさんが大きな転機を迎えたと、そんなふうに読み取れます。

HIRO　そうですね。ZOOをリセットして、ドリカムさんに育てられつつ。もうひとつ、アンダーグラウンド・ダンスチームであるジャパニーズ・ソウル・ブラザーズ、JSBを仕切り直して、メジャーシーンで勝負したいという気持ちが強くなっていった時期です。

片山　そしてEXILEの原点ともいえる新しいグループを結成されます。BABY NAILという、MATSUさん、USAさん、MAKIDAIさんがいらしたグループにHIROさんが会いに行ったと聞いていますけれども。

HIRO　僕のダンスのパートナーがUSAの先生だったり、MAKIDAIも16歳くらいの時から僕のダンスを見に来てたりしていたんです。「ZOOでできなかったようなことをやりたい夢があるんだよね。真剣に勝負したいから、名前もJSBから、J Soul Brothersと変えるんだ」という話をして、誘いました。

片山　その時にはすでに、のちのEXILEの構想みたいなものはあったんですか？

HIRO　そんなに大きなことを考えられるほどの余裕はありませんでしたが、多くの人にダンスというものをわかってほしい気持ち、あとはがむしゃらになんでも吸収してやるぞという気持ちは強かったです。

片山　J Soul Brothersは、HIROさん、USAさん、MATSUさん、MAKIDAIさんのダンサー4人に、ボーカルのSASAさんが加わった5人体制のチームとして1999年にメジャーデビューされました。スクリーンに映ってるのが、当時の写真[※17]です。

HIRO　いやー、これ売れないっすよね。いかにも。髪型とかすごい……。

片山　そんなことはないですよ。

HIRO　ほんと、売れなかったんです。やっぱりまだ視野が狭くて、自分たちがやりたいことだけが優先になってた。お客さんに受け入れられやすい方法をしっかりと考えて優先していれば、もう少しうまくいったのかなと思いますけど。でもここで反省して、勉強できたことも大きいです。

片山　当時、ショッピングモールや路上でも踊っていらしたんですよね。

HIRO　ライブは1年間に100回以上やってました。クラブ以外でもほぼ毎日、路上とか、デパ地下とか、噴水広場とかハチ公前とか、本当にどこでもやってた時代です。悔しかったですけど、この時の悔しさがすごく自分を育ててくれました。

片山　お客さんの反応はいかがでしたか。

HIRO　常連のファンの方もいらっしゃらない時代ですから、お客さんが集まらない時もありました。それでもパフォーマンスがいいと、見てくれるんですよね。だから場所は関係なく、いいものを見せれば認めてくれる、という思いでやってました。

※17　写真

片山　ここにいるみんなは、そんなHIROさん想像できないでしょう。いきなり売れて大スターで、それこそZOOのように華々しいデビューをして、そのままの流れで来たように思っている人もいるんじゃないかな。
HIRO　山あり谷ありです（笑）。でもJ Soul Brothersを始めた時にはもう覚悟が決まっていたので、人に何か言われても「まあ、いまに見てろ」って、言葉悪いですけど（笑）、「絶対に成功してやるからな！」ってね。いろいろ言う人もいたかもしれないけど、外野のヘンな声は全く気にはなりませんでした。
片山　覚悟が決まっていたから。
HIRO　はい。ただ途中でボーカルが脱退してしまったこと、それを止められなかったことは結構大きくて、コミュニケーションについて反省して、かなり真剣に考えるようにもなりました。すごくつらい時代ではあったんですけど、それは学びにもなったので、いま考えると貴重な財産になっています。

EXILEと名前を変えるのには抵抗があった

片山　2001年1月にボーカルのSASAさんが脱退されたあと、新しくATSUSHIさん、SHUNさんがボーカルとして加入。その年の8月に、EXILEと名前を変えて、新体制で活動を再開されます。でもHIROさんは実は、改名には反対だったそうですね。

HIRO　EXILEという名前が嫌だったわけじゃないんです。ただJ Soul Brothersは魂を込めてやっていたグループだったので、名前を変えることが自分の中でかなりつらくて。結構悩みましたね。心機一転、いままでのイメージを変えてやっていきたいという気持ちが勝って、最終的には判断したんですけど。

片山　名前ががらりと変わるって、大きな転機ですよね。特に愛着があるほど。

HIRO　そうですね。でも名前にこだわってる時点で、「自分たちのパフォーマンスを多くの人に見てほしい」という目標がブレてるんじゃないかとも考えました。目標を達成するためには名前くらい変えて、いいものつくってやろうじゃんと思い直して、EXILEって名前でスタートしたんです。それでさらに覚悟も固まりましたし、いい流れが来たので、いま思うと改名して良かったですし、そこでも学んだことはいっぱいありました。

片山　そしてEXILE名義のデビュー曲『Your eyes only ～曖昧な僕の輪郭～』[※18]が、いきなり25万枚の大ヒット。

HIRO　そうなんですよ。運良くドラマの挿入歌のお話が来て、多くの方に聞いていただけて、いい調子でデビューできました。

片山　かつてもデビュー曲で大ヒットを経験されています。でも以前とは違う感じだったのではないでしょうか。

HIRO　もう全然違いました。本当に心から嬉しかったです。スタジオでみんな集まっていた時に発表があったので、みんな超喜んでガッツポーズして「来たー‼」みたいな。

※18『Your eyes only ～曖昧な僕の輪郭～』

自分としては、7、8年越しの夢がひとつ叶ったわけで「神様っているのかもな」って思うくらい嬉しかったです。

片山　ZOO解散後、ずっと考えて来られたことが、カタチになった瞬間だった。

HIRO　でもそれも、スタートラインにやっと立てただけです。このあともとんとん拍子というわけでは決してなく、厳しいことをまたたくさん勉強するんですけど。でも音楽業界ではスタートラインに立つこと自体がほんと難しいので、やはり『Your eyes only』の時の嬉しさはいまでもよく覚えています。

片山　当時はまだLDHをつくられてはいないですよね。

HIRO　はい、別の事務所に所属していました。会社をつくったのは2002年です。有限会社エグザイル・エンタテインメントという会社です。

片山　メンバーの6人がそれぞれ50万ずつ出資して、300万で始めたという。当時、株式会社と有限会社では設立にかかるお金が違ったんですよね。いまはお金がかからないけれど。

HIRO　僕も最初は有限会社から始めました。

HIRO　そうですね。僕が社長で、メンバーが社員というかたちでスタートして、翌年には株式会社LDHをつくりました。

片山　多くのミュージシャンやタレントさんって、だいたい事務所に所属しているじゃないですか。もちろん独立する人もいるけれど、グループ結成から間もないうちに会社をつくるっていうのは、当時はわりと珍しいことだったのでは。何かきっかけがあったんですか？

HIRO　よく松浦さんに、やりたいことをまとめた、夢の設計図みたいなものを紙に書いて渡してたんです。いま考えると恥ずかしいような内容なんですけど、でも松浦さんはそういうのを心のどこかに留め置いてくれていて、「ＨＩＲＯたちがやりたいことは会社つくったほうが叶いやすいんじゃない？　男だし、自分たちで食っていかなきゃいけないし」というふうにアドバイスと、場所も与えてくださって。それでつくったのが最初の有限会社でした。ＬＤＨは昔からの仲間がやっていたモデル事務所と合併したようなイメージですね。気が合っていつも一緒に遊んでいるメンバーで。[※19]いまの副社長と専務なんですけど。僕らほとんどスタッフもいない会社だったから、一緒にやれば相乗効果で面白いことができるんじゃないかと、昔ながらの友だち同士でつくりました。

片山　ＬＯＶＥ・ＤＲＥＡＭ・ＨＡＰＰＩＮＥＳＳの頭文字を取って、ＬＤＨ。ストレートな夢が名前に表れていますよね。

HIRO　きっかけをくださったのが松浦さんなので、命名も相談したんです。「エンタテインメントのいちばんのテーマになるものだから、こういうのはどう？」って考えてくださったのが、ＬＤＨでした。

片山　ＨＩＲＯさんは先ほど「とんとん拍子ではなかった」とおっしゃいましたが、僕からはとても順調に見えるんです。２００３年には再び武道館にＥＸＩＬＥとして戻っていて、その年には紅白歌合戦にも初出場を遂げられて。

HIRO　それはもちろん、すごく嬉しかったです。でもどちらかというと、失うことへの不安が常にある業界なので、さらに高みを目指していかなければ生き残れないとい

※19　副社長と専務　instigator #014 開催の2015年11月17日時点。2017年2月現在は「CEOとCOO」。

う緊張感のほうが強かったかもしれません。それに表には見えない様々な人間関係の問題もあったので、裏ではもがいていることも多くて。初代のJ Soul Brothersから始まって10年ぐらいは、毎日が試練だったような気がします。

片山　人間関係というのは、どういったことを考えられていたのでしょうか。

HIRO　チームのリーダーは、メンバーとコミュニケーションをとって、ひとりひとりの夢をサポートしていかなければいけないんです。僕は年も離れていましたし。でも当時はまだそれができていなかったんですよね。表舞台で見せる派手なイメージとは裏腹に、うまくいかないストレスのほうが多かったかもしれません。ただ、実務的な面は昔もいまも、信頼できるスタッフが支えてくれていますし、本当に仲間には恵まれていて。失敗してもまた一緒にがんばろう、と言い合える仲だったので、いろいろなことに耐えてこれたのかなとも思います。

EXILEが大所帯になっていった背景

片山　2006年にボーカルのSHUNさんが脱退、新しくAKIRAさんと、TAKAHIROさんが加入されます。EXILEの在り方が変わっていく大きな転機だったのではないかと思うのですが、意図をお聞かせいただけますか。

HIRO　ボーカルのSHUNちゃんとは、やっていく方向が違ったので別れたのですが、この時もピンチでしたね。メインのボーカリストがひとり抜けたら影響は絶対あるので。そこでどうやって盛り上げていくかを考えていた時、ヒントになったのが、僕らが大切なテーマとして掲げてきた「夢」でした。全国の夢を持ったEXILE好きの人を対象にオーディションをして、ミリオンアーティストにいきなりなったら、まさにジャパニーズドリームです。それはとてもEXILEらしいんじゃないかと。もし逸材に出会えなかったら、その時は残っているメンバーでやっていけばいいよね、という覚悟で、[※20]「EXILE VOCAL BATTLE AUDITION 2006 ~ ASIAN DREAM ~」を開催しました。

片山　そこで優勝して、ガチで入ってきたのが、TAKAHIROさん。

HIRO　各スタッフが「いい子がいたらオーディション受けて」って宣伝していたので、そのつながりで誰かに紹介されてきたんですけど。TAKAHIROは高校生くらいの頃からEXILEが本当に好きだったみたいで。

片山　本当にいい化学変化というか。TAKAHIROさんのキャラクターって、いままでのEXILEにはなかったじゃないですか。すごく表情が豊かになった気がします。

HIRO　オーディションは大勝負でしたけど、新しい扉を開いたのは間違いないです。

片山　そして2009年には、[※21]二代目J Soul Brothersが誕生します。やっぱりHIROさんにとって、J Soul Brothersという名前には、それだけの思い入れがあったんですね。

HIRO　そうですね。J Soul Brothersという名前に愛情もプライドもあったので、二代目ができて、時代を超えていま三代目が活躍してくれて……新しい仲間と共鳴し合っていまに至るので、すごく感謝しています。

※20　VOCAL BATTLE AUDITION（ボーカル・バトル・オーディション）　LDHが主催するオーディション。略称は「VBA」。2006年から2014年までに不定期で4回開催された。

※21　二代目J Soul Brothers（にだいめ・ジェイ・ソウル・ブラザーズ）　2007年1月にHIROプロデュースにより活動スタート。2008年5月シングル『WE!』でインディーズデビュー。2009年2月アルバム『J Soul Brothers』でメジャーデビュー。2009年3月メンバー全員がEXILEに加入することを発表。

片山　今日会場に来てくれているNAOTOさんは、二代目からいらっしゃるんですよね。

（**NAOTO**　そうです。）

片山　NAOTOさん、観客席からお返事ありがとうございます（笑）。

HIRO　片山さん、こういう話で大丈夫ですか。もっとくだけたほうがいいですかね？

片山　そういう、テレビでは見れない裏側の話を聞きたいんです。みんなすごい楽しそうですよ（笑）。二代目が加わって、EXILEは総勢14人になりますね。どんどん大人数になるので僕も驚いたんですけれども。これはどんな戦略があったんですか。

HIRO　EXILEは何度かメンバーが入れ替わりながら進化してきました。チームとしてひとつのアーティストの人格というよりは、メンバーひとりひとりが夢を叶える場所というイメージになっていたんです。だからそれぞれ、EXILE以外のアーティスト活動も自由にやっていたんですよ。一般的には突然増えたように映ったかもしれないんですが、それぞれ別のダンスチームで一緒だったり、同じオーディションを受けていたり、ひとりひとりにつながりと物語があって。同じ夢を共有している、すごく密接な関係だったんです。

片山　人数が増えても、メンバー全体の一体感というか、引き締まった感じは変わらなかったですよね。ただ14人体制になられたあと、2013年のライブツアー「EXILE LIVE TOUR 2013〝EXILE PRIDE〟」が盛り上がりまくってるさなかに、HIROさんはパフォーマーを勇退されます。それも、以前から考えていたことなんでしょうか。

HIRO　14人に増えた時には、自分の引き際はしっかりイメージしていました。年齢的なものもありますし、形あるものは当然終わりがあるので。ＥＸＩＬＥをいままでにない、終わりのないアーティスト集団・クリエイター集団に進化させていく方向に、力を注ぐことにしたんです。

片山　ちょっとここで、パフォーマーとしてのＨＩＲＯさんの映像を見てください。

HIRO　え、ここでですか。大丈夫ですかみなさん、見てもらえますか。

（会場　拍手）

片山　はい、では映像スタートしてください。１回のライブで３５００キロカロリー、フルマラソンに匹敵するカロリーを消費するって聞いたんですけど、ほんとですか。

HIRO　メンバーのＴＥＴＳＵＹＡがそういうの分析してるんですけど、そうみたいですね。アスリート並みにトレーナーさんについていただいて、常にタフにパフォーマンスできるようにやってます。……オープニング長すぎですね、すみません。まだ始まらない（笑）。

片山　いやいやみんな喜んでますから大丈夫です（笑）。

HIRO　ＥＸＩＬＥ系ってライブだけじゃなく、いろいろなことがぜんぶストーリーとして意味がつながっているので、オープニング引っ張るタイプなんですよ。

片山　あ、始まりました。

（「EXILE LIVE TOUR 2013〝EXILE PRIDE〟」の映像が流れる）

片山　……ね、すごいでしょ。このツアーは4月から9月まで5都市25公演、102万人を動員しました。こんなストイックなダンスパフォーマンスをされているのに、その年の紅白歌合戦を最後に、HIROさんはパフォーマーを勇退。プロデューサーに専念すると決断されました。

HIRO　2年くらい前から切り替えの準備はしていました。E-girls[※22]や三代目、GENERATIONS[※23]も、まだ売れてはいなかったけれど育っている手ごたえがありましたから、自分の情熱を向けるベクトルを、そろそろ変えていこうと。

片山　体力的な問題ではなく、やるべきことの方向性を変えられたということですね。パフォーマンスよりも、より仕掛ける側に。

HIRO　そうですね。体力は鍛えれば全然大丈夫だと思うんですけど、それよりも違う角度からEXILEを盛り上げる時期に来たという感じでした。

片山　さらにいうと、2013年は史上初、4回目のレコード大賞を受賞されています。2008年『Ti Amo』[※24]、2009年『Someday』[※25]、2010年『I Wish For You』[※26]、そして2013年が『EXILE PRIDE ～こんな世界を愛するため～』[※27]。ちなみに2014年は三代目J Soul Brothers『R.Y.U.S.E.I.』[※28]で再び受賞されています。本当に立て続けに。

HIRO　初めは7人、次は14人、その次はボーカルが4人……と毎回進化しているEXILEで参加することができたので、その変化を見ていただくのも楽しいかなと思い

※22　E-girls（イー・ガールズ）　女性ダンス&ボーカル・ユニット。2011年12月シングル『Celebration!』でデビュー。「EXILEの妹分」と称される高パフォーマンスなガールズ・エンターテインメント・プロジェクト。

※23　GENERATIONS（ジェネレーションズ）　7人組のダンス&ボーカルグループ。2012年11月『BRAVE IT OUT』でメジャーデビュー。

※24　『Ti Amo』

ます。

片山　常に進化して、どんどん上げていく感じがすごいです。

HIRO　同じことをやっていたら、必ず慣れてしまいます。ファンのみなさんに喜んでいただくには、常にギラギラした場所にいることも必要ですから、自然と刺激的な戦略、パフォーマンスが多くなりますね。

片山　たぶんみんなはEXILEがトップを走り続けていることが当たり前だと思っているかもしれないけど、それはHIROさんがどんどんハードルを上げていってるからなんですよね。

HIRO　あとはメンバーひとりひとりの夢をしっかりサポートして、みんながEXILEという場所で輝くように、と考えていくと、自然にやらなきゃいけない答えは出てくるというか。結果として、EXILEというグループ全体も輝けるのではないかと思っています。

片山　トップランナーって、自分の先に誰もいないじゃないですか。そこからどういうスピードでどこに走っていくかは自分で決めるしかない。

HIRO　そうですね。でも結局メンバーが家族みたいな感じなので、みんなのやりたいことがヒントになって、新しい進化につながっていくことも多いんですよ。例えば2015年にはメンバーのMATSU、USA、MAKIDAIが、やはり自分の新しい夢を叶えるためにパフォーマーを卒業するんです。そこで新メンバーを募るためにまたオーディションをするんですね。そういう積み重ねが新陳代謝にもつながっているのか

※25『Someday』

※26『I Wish For You』

など。

片山　メンバー同士は自由に意見を言い合える環境ですか。

HIRO　ものすごい自由だと思いますよ。

片山　じゃあいろんな意見が出てきて、HIROさんが背中を押す感じなんでしょうか。

HIRO　メンバーのソロ活動に関してはそのパターンが多いですね。僕は応援するだけです。ひとつのダンス&ボーカルグループっていうカテゴリーに収まらずに、アメーバー式にEXILEが広がっていければいいなと思っていて。もちろん賛否両論はあるんですけど、まあそれが僕らの生き方だし、そういうアーティストがいてもいいかなと思いながらやっています。

片山　2014年にはメンバーが5人加わり、総勢19人に[※29]。全員集まるとさすがに壮観ですよね。

HIRO　テレビ出演するとしたら多いなーって思います（笑）。でもテレビだけではないので。いまツアー中で[※30]、この人数の多さを生かした新しいステージングをやっているんです。後ろのほうの席までメンバーが走っていったりもするんですよ。ただ人数が多いだけではなく、全員を生かしたスケール感を出すという試みで、どんどんEXILEらしいライブを創造していきたいですね。

クリエイティブユニットPKCZ® 誕生

※27『EXILE PRIDE ～こんな世界を愛するため～』

※28『R.Y.U.S.E.I.』

片山　先ほどお話に出たように初代メンバーの3人が、それぞれ新しい目標を持って勇退されるんですけれども、MAKIDAIさんとは別のユニットでもご一緒されていますよね。クリエイティブユニット、PKCZ®。音楽やダンスだけではなく、ファッションやイベントプロデュースなどによって、様々な世界観を表現するプロジェクトだと伺っています。

HIRO　PKCZ®はVERBALとMAKIDAIとDJ DARUMAと僕の4人で立ち上げたプロジェクトです。僕以外の3人は同じ1975年生まれなんですよ。VERBALはいま世界中のアーティストの日本窓口みたいな存在になっています。MAKIDAIはEXILEに入る前、ヒップホップのDJとしてその界隈ですごく有名だったんです。DARUMAもアンダーグラウンドですごく支持されてるDJ。でも世間一般的にはあまり知られていない。そういう、同じ時代に違うジャンルで活躍してきた隠れた才能をミックスしてエンタテインメントとして創造したら、EXILEとはまた違った、アンダーグラウンドとオーバーグラウンドの架け橋になれるような活動ができるんじゃないかと。

片山　VERBALさん、会場にいらしているから、少しお話を聞いてもいいですか。

HIRO　ぜひぜひ。VERBALさん、前へお願いします。

（会場内から、VERBALさんが登壇）

※29　総勢19名　instigator #014開催の、2015年11月17日時点。

※30　ツアー　EXILE LIVE TOUR 2015 "AMAZING WORLD"

C
C
HA
BE
RZ

PR
IM
A
LK

片山　すみません急に。

VERBAL　よろしくお願いします。VERBALです。

片山　VERBALさんには、以前「instigator」にも登壇いただきました。根掘り葉掘り伺ったあの時には、まだこのプロジェクトは発足していませんでしたよね。どんなふうに始まったプロジェクトなのか、聞いてもいいですか。

VERBAL　PKCZ®は、HIROさんに、「何か面白いプロジェクトやろうよ」とお声掛けいただいて始まったプロジェクトで……。

HIRO　VERBAL、サングラスしてないから…あれだね、ちょっと照れてるでしょう？

VERBAL　……サングラスかけて、アーティストモードになってもいいですか？

片山　もちろんです。

HIRO　サングラスかけると、結構しゃべるんですよ。

VERBAL　（サングラスを装着）改めましてVERBALです。よろしくお願いします。やっぱり落ち着きます。あ、拍手ありがとうございます。

HIRO　どんなに酔っ払ってても、写真撮る時はサングラスかけるもんね。

VERBAL　すみません（笑）。PKCZ®は、…そうですね、もともと遡ると、HIROさんとは僕、すごくご縁を感じてまして。先ほどZOO時代からのお話がありましたけど、自分も中学高校の時、ダンスブームでダンスに憧れて、HIROさんをテレビで拝見していたんです。前にも「instigator」でお話させていただいたんですが、ラッパーになる前はダンサーを目指していましたから。

片山　おっしゃっていましたね。

VERBAL　だからHIROさんがテレビやいろいろなメディアで、日本の地上波でなかなか流れないようなヒップホップの曲に合わせてダンスされているのを見て、ずっと勉強させていただいていたんです。結局ダンスが一向にうまくならなくて、ラップを始めたんですけど。

HIRO　m-flo※31と僕らJ Soul Brothersは、同じタイミングでデビューしたんですよ。だからすごく縁があって。昔から仲良くさせていただいていました。

VERBAL　僕のほうが一方的に「テレビ見てました！」っていうところからお付き合いが始まって、数年たって、コラボレーションのお声を掛けていただくようになって。そんなお付き合いの中で、HIROさんがおっしゃったように、海外のアーティストも巻き込んで面白いことをしよう、っていう話になって、PKCZ®が始まりました。

片山　ギャラリーもあるんですよね。いまスライドに写真※32が映ってます。

VERBAL　僕もMAKIDAIさんもDARUMAくんも音楽をやってきましたが、みんなファッションやそれ以外の方面でも表現を大切にしています。いま映っているのはギャラリーをコンセプトにしたショップです。ここでLDHアパレルブランドをはじめ、いろんなコラボレーションをつくっていけたらと思ってるんです。販売目的以外にも使っていきたくて、実はオープン前に、カニエ・ウェスト※33の「Yeezy Season 2」

※31　m-flo（エム-フロウ）MCのVERBALとDJの☆Taku Takahashiで構成されるプロデュースユニット。

※32　写真

の展示会もここで開催されました。

片山　いきなりカニエ・ウェスト。すごいですよね。

HIRO　世界のアーティストといろいろな面白いことをやれそうで、すごくワクワクしています。中目黒にありますので、みなさんよかったらぜひ立ち寄ってみてください。

片山　とてもかっこいい店なので、ぜひみんな行ってくださいね。VERBALさん、突然すみません、ありがとうございました。

HIRO　ありがとうございました。

VERBAL　ありがとうございました！

どの事業にも元ダンサーの専門家が関わっている

片山　ここからはLDH、それからEXILE TRIBEという、HIROさんのプロデュースワークの世界観をさらに掘り下げていきたいと思います。まず活動紹介の映像をみなさんに見てもらいましょう。

HIRO　うちでつくってる会社案内みたいなヤツです。よろしくお願いします。

（LDHの紹介映像が流れる）

片山　みんなは知らないこともあったでしょう。芸能事務所としてのアーティストプロ

※33　カニエ・ウェスト（Kanye West）　1977年生まれ。アメリカ・シカゴ出身のミュージシャン、ヒップホップMC、音楽プロデューサー、ファッションデザイナー。2004年『ザ・カレッジ・ドロップアウト』でアルバム・デビュー、全米初登場2位を記録。第47回グラミー賞ではアーティスト、ソングライター、プロデューサーとして合計10の最多ノミネーションを得る。以降、ソロ活動のみならず、プロデュース、コラボレーションにより多くのヒット曲を生み、2016年時点でグラミー賞に57回ノミネート、うち21回受賞

デュース、マネージメント、ダンス&ボーカルスクール、というのは想像がつきますが、アパレル、月刊誌の発行、飲食店の経営も複数されています。本当に多岐にわたる活動ですけど、寝る暇はあるんですか。

HIRO　僕は統括ではありますが、それぞれ専門スタッフがやっているので大丈夫です（笑）。例えば飲食店は意外だと言われるんですけど、もともと僕の幼なじみが料理をやっていたから始まったんですね。アパレルも現リーダーがダンサー出身です。そういう昔からの仲間が中心になってやってくれていて、それをEXILEという窓口で大きく広げてる感じが強いので、僕自身はそんなに忙しいわけではないんですよ。

片山　驚くのは、片手間ではなくて、ぜんぶ本格的なんですよね。趣味でやっているとかじゃなくて、どの分野でもトップを取りに行ってるっていう。

HIRO　メンバーも楽しめてファンのみなさんも楽しめるもの、って考えたらクオリティーに手を抜くわけにはいかないですし。「居酒屋えぐざいる」っていうのもあるんですけど、あれはもともと、DVDに収録されているメンバー同士の対談を「居酒屋えぐざいる」って名前で呼んでいたんですね。それがテレビ番組のコーナーになって、だったらリアルでもつくっちゃおう、と実店舗を出しました。それぞれの夢と遊び心、そしてやるからには本気で、っていうのは変わらないです。

片山　もうひとつ、先ほどから何度か出てきていますが、LDHにはEXILE TRIBEという概念があるじゃないですか。三代目J Soul Brothers、GENERATIONS、劇団EXILE[※34]といった、EXILEに関連するいろんなアーティ

※34　劇団EXILE（げきだんエグザイル）HIROがゼネラルプロデューサーを務める。舞台だけでなく、ドラマ、映画にて活躍中。

ストを内包してどんどんＥＸＩＬＥ　ＴＲＩＢＥが進化されてるわけですけど、ＨＩＲＯさんが全体を見てプロデュースしているんですか？

ＨＩＲＯ　チームとしてはそうですね。ＥＸＩＬＥ　ＴＲＩＢＥっていうと堅苦しい感じに聞こえちゃうかもしれないですけど、まあ同じ夢を共有している自分たちの集まりとか同志、みたいな意味でまとめています。

片山　この前、三代目の西武ドームライブ（三代目 J Soul Brothers LIVE TOUR 2015「BLUE PLANET」）に呼んでいただいたんですが、もうエンタテインメントのすべてがそこにあるようなライブで。三代目だけで十分すごいのに、ＰＫＣＺ®も、ＬＥＤをまとったダンス集団のＳＡＭＵＲＩＺＥ※35も出てくるしでサービス精神が半端ないんですね。僕はＳＡＭＵＲＩＺＥを初めて生で見てほんとびっくりしたんですけど、彼らもＥＸＩＬＥ　ＴＲＩＢＥのひとつなんですよね？

ＨＩＲＯ　はい。ＳＡＭＵＲＩＺＥのテクノロジーや演出のシステムを開発した博士がいるんですけど、その博士も、元ダンサーなんです。たまたまうちのスタッフと仲良くなって、ＬＥＤを使った仕組みを使ってライブやれたらすごいね、という話になって。そしてうちのアパレル担当と綿密な打ち合わせをしてもらって、いまのような形になりました。ダンサーならではの音の合わせ方を、セットぜんぶとＬＥＤスーツに合わせてやるショーなので、海外の方とか、びっくりされて帰ります。あの衣装も、元ダンサーで、ダンスを知っているからつくれるものなんですよ。ダンス心がたっぷり入っているテクノロジー、演出になっています。

※35　SAMURIZE from EXILE TRIBE（サムライズ・フロム・エグザイル・トライブ）　HIROがプロデュースするLEDパフォーマンスチーム。2003年の「EXILE LIVE TOUR 2013 "EXILE PRIDE"」（2013年4月—9月）を皮切りに、LDH所属アーティストのイベント、コンサート、プロモーションビデオ、テレビ番組にバックダンサーとして多数出演している。

片山　デザインとかパフォーマンスとか、いろんな表現が凝縮されていて。テクノロジーとフィジカルが融合している、ユニークなパフォーマンスですよね。ちょっといま、映像流します。そんなに長くないけど。……ね、すごいでしょう。初めての人は絶対にびっくりするよね。

ＨＩＲＯ　実はＧＥＮＥＲＡＴＩＯＮＳや、ＥＸＩＬＥのサポートメンバーやってた子が入っていたりもします。いずれにしてもかなり訓練を受けたダンサーでありつつ、ＥＸＩＬＥや三代目のバックで踊りたいという夢を持った子たちです。今後世界的なプロデューサーであるアフロジャック※36がプロデュースしてくれることになったので、すごい楽しみなんです。

片山　ますますＳＡＭＵＲＩＺＥの活躍の場が増えるわけですね。ＬＤＨは人材育成にも本当に力を入れていますよね。「EXILE PROFESSIONAL GYM（通称EXPG）」というダンス&ボーカルスクールは、２００３年に東京校を開校して、現在国内に10校、海外に２校、生徒数は５０００人を超えています（２０１７年２月現在、国内12校・海外２校・生徒数５５００人）。

ＨＩＲＯ　Ｅ－ｇｉｒｌｓやＧＥＮＥＲＡＴＩＯＮＳは、この学校に通っていた、ようはＥＸＩＬＥのキッズダンサーの子たちが大人になってデビューした形です。それが目標のひとつではありますが、ＥＸＩＬＥや三代目のライブで踊ることそのものを楽しんでる子もいます。別の分野でのプロダンサーを目指す子もいます。可能性はどんどん広がっていますね。

※36　アフロジャック（Afrojack）1987年生まれ。オランダ・スパイケニッセ出身。DJ、音楽プロデューサー。2015年、三代目J Soul Brothers from EXILE TRIBEのシングル『Summer Madness』を楽曲提供。同年の第48回日本有線大賞受賞曲、第66回NHK紅白歌合戦歌唱楽曲に選ばれた。2016年よりLDHとマネジメント契約を結び、株式会社LDH EUROPE CEOに就任。

片山　ニューヨーク校もあるんですよね。ダンスの本場。

HIRO　ニューヨーク校はエイベックスさんの協力でつくらせていただきました。手前味噌ですけれど、ＥＸＰＧってそういう、ダンスのいろんな夢を見れる、可能性を広げてくれてる場所ですし、メンバーも子どもたちと触れ合うことによって学びがある、すごくいい関係ができてる場所です。

片山　あの……僕、ももクロが好きで。前に「instigator」にも来てもらったんですけど。

HIRO　ああ、杏果ちゃんはもともとキッズダンサーでしたね。

片山　ですよね。今度ＨＩＲＯさんが来てくれるんだって伝えたら、「よろしくお伝えください」と丁寧におじぎをされました。

HIRO　杏果ちゃんはかなり活躍してました。よくＥＸＩＬＥのライブでも踊っていましたね。

片山　踊りも歌もすごい上手ですもんね。そうやって、ＥＸＩＬＥ　ＴＲＩＢＥ以外の道で才能が花開くケースもあると。それは問題ないんですよね？

HIRO　もちろんです、事務所の契約でレッスンしているわけではなく、あくまでも学校なので。僕らとしたら、いろいろな目標を持っている子はむしろウェルカムです。

片山　もうひとつ、ジュニア育成に近いプロジェクトもありますよね。「PROJECT TARO」っていう。こちらは、どんなプロジェクトなのでしょうか。

HIRO　これもエイベックスさんと一緒にやっているんです。中高生の子たちがいま15人かな、ニューヨークに留学しています。語学の勉強もみっちりやり、日本人の魂は持ったまま、世界に通用する次世代のアーティストを育成するプロジェクト。もともとキッズダンサーとして活躍していた優秀な子たちが、青春をかけて行ってます。

片山　なぜ「TARO」なんですか。最初、浦島太郎のタロウかなと思ったんですけど。

HIRO　プロジェクト名はエイベックス側からの提案でした。海外で日本っていうと、日本男児の象徴である太郎っていうイメージがわかりやすいんじゃないかと。すでにかなり活躍していまして、アポロ・シアター[※37]のイベントでチャンピオンになった子もいます。子どもってほんとに臆せずにパフォーマンスしますから、どんどん日本の若い才能が認められているプロジェクトです。

片山　楽しみですね、10年後20年後ってタームでどんどん新しい才能が出てくる。たぶんHIROさん、おじいちゃんになっても忙しいですね。

HIRO　メンバーや生徒たちと夢を共有することで自分も刺激をもらってどんどん成長していきたいので、そこはもう、歳関係なくやっていきたいなと。

片山　社会貢献[※38]活動も積極的にされていますよね。時間の都合ですべてを紹介できないんですけど。小学生のフットサル大会を開催したり、被災地で子どもたちにダンスを教えたり、と。

HIRO　僕らのエンタテインメントの活動と社会貢献活動は、切っても切れない関係です。両方しっかりやることで、自分たちも本当に幸せな気持ちでやっていけるんじゃないかと思っていて。それも僕らの普段の活動をすごくたくさんの人が支持してくださったおかげです。だいぶ還元できるようになってきたからこその活動なんです。

※37　アポロ・シアター　ニューヨーク・ハーレム（黒人居住地区）125番地にある名門クラブ、劇場。観客の拍手の大きさで優勝が決まるオーディションイベント「アマチュア・ナイト」ではジェームス・ブラウン、ダイアナ・ロス、ジャクソン5など数多くの世界的アーティストを輩出している。

※38　小学生のフットサル大会開催

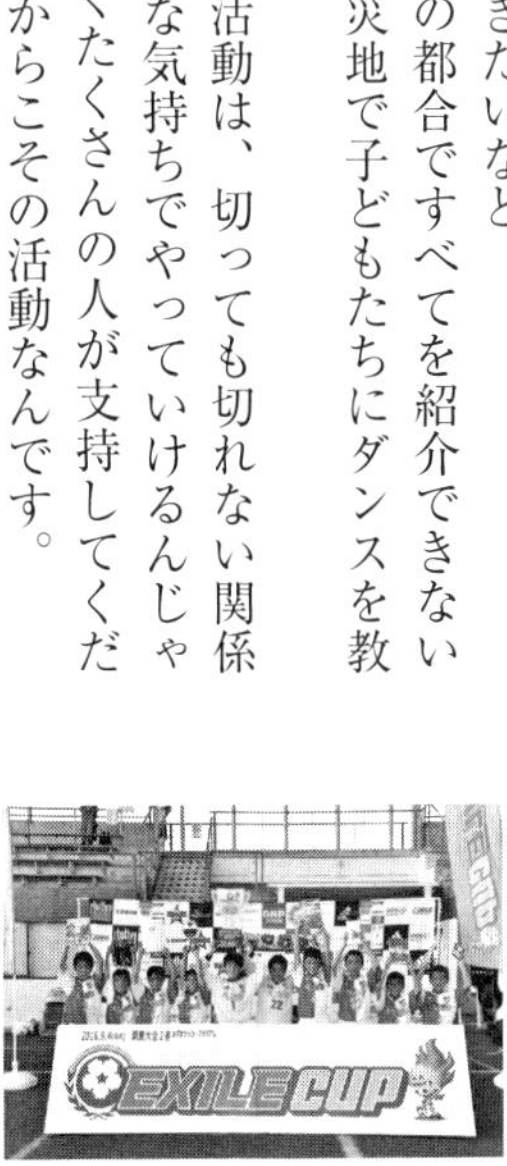

片山　すべての活動がシームレスにつながって、広がっているんですね。

本気の思いがあるなら、言葉に出して伝えること

片山　お話を伺っていて思うのは、視野の広さや、必要に応じてすぐ行動するスピード感がすごいなと。HIROさん自身はいま、どんなことをいちばん大事にされていますか？

HIRO　いや、そんな大したアレじゃないですけど。ただ出会いはやっぱり大切にしていますね。人とか、チャンスとか。チャンスって実は自分のまわりにたくさんあるんですよ。先ほどもお話しましたが、20代前半までの、ZOOをやっていた頃の自分はすごくたくさんの出会いやチャンスがあったのに、気付かなかったせいですごく後悔が残りました。だから出会いやチャンスは大切に、それに気付ける人になってほしいというのは、所属している若い子にもよく話します。

片山　なるほど。HIROさんご自身だと謙遜されてしまうので、ここでNAOTOさんに登壇いただき、ちょっとだけ、NAOTOさんから見たHIROさんのお話を聞かせてもらいましょう。NAOTOさん、お願いします。

（会場内から、NAOTOさんが登壇）

片山　どうぞ座ってください。

NAOTO　失礼します、よろしくお願いします。

HIRO　NAOTOはこういうトーク、うまいですよ。

NAOTO　いやいやいやいやいや、恐れ多いです。

片山　さっそくですがNAOTOさん、HIROさんはボスとして、先輩として、どういう存在ですか？

NAOTO　まず「優しい」の一言です。みなさんもうお気付きかと思いますけれど。

HIRO　優しい？

NAOTO　さっきから何度もみなさんに問いかけてましたよね、「こんな話で大丈夫ですか」とか、「楽しんでますか」とか。それが何より、物語ってると思います。

片山　すごく気を遣われますよね。

NAOTO　普段からHIROさん、そんな感じなんですよ。ごはん一緒させてもらう時も、みんなでわいわいやっている中で誰かがおとなしくしていると、ちゃんとフォローしてくれます。そういう人柄が、ライブでのおもてなしにも、つながっているんじゃないかと。そしてそれが、EXILEのエンタテインメントの神髄なのかなと思います。

HIRO　NAOTO、今日ほんとに、なんで来たの？　忙しいでしょ。片山さんにNAOTOが来るって聞いて、マジでびっくりしたよ、何か頼みごとでもある（笑）？

NAOTO　いえいえいえ、そんなことないです。

HIRO　EXILEのメンバーってわりとみんな、自分の夢をプレゼンしてくるんで

す、「時間取ってもらっていいですか」と言って。そういう時NAOTOはすごくて、スーツ着てきたりするんですよ。去年なんか、袴を履いてきたよね。

NAOTO　気合の表れと、インパクトが大事かなと思いまして。

HIRO　そういう志が高いから、いまEXILEと三代目と両立できてるんですよね。しかもアパレルのほうでも「STUDIO SEVEN」※39っていうブランドを出しています。そうやって段取り踏んでくる逸材なので、あとでたくさん飲んでもらおうかな（笑）。

NAOTO　はい、レモンサワーを7杯くらい。

片山　えぇー（笑）。

HIRO　冗談です（笑）。でも俺たち、褒められると飲んじゃうっていう癖があるんですよね。例えばビールのCM撮影の時も、あれ、ほんとにビールを飲んでるんです。TAKAHIROは5リットルくらい飲んでたよね。俺は3リットルぐらい。

NAOTO　あんなにたくさんビールを飲んだの、久々でしたね。

片山　すごいなあ。ちなみに袴を履いて、何をプレゼンしたんですか。

NAOTO　袴の時は、いまHIROさんにも紹介していただいた、自分のブランドをつくりたいっていう話でした。自分は昔からすごくファッションが好きで、何かしらの形でファッションに関われたらいいなという思いがずっとあったんです。それで思い切って、ブランドのプロデュースを提案させていただいたら、さっきVERBALさんもお話されてた中目黒の「PKCZ® GALLERY」の構想を聞かせてくださって、「も

※39　STUDIO SEVEN（スタジオ・セブン）2015年11月に誕生した、NAOTOがクリエイティブ・ディレクションを務めるアパレルブランド。中目黒PKCZ® GALLERY STOREオープンと同時に「SEASON 1」を、2016年6月には「SEASON 2」を発表した。

しよかったらそこでチャレンジしてみたら」と。ほんとにEXILEというのは夢を叶える場所なんです。HIROさんは、メンバーひとりひとりの夢を全力で応援してくださるんですよ。
HIRO　ほんとに思ってる（笑）？
NAOTO　思ってます！　で、まさにその提案させていただいて、先日、11月1日の「PKCZ® GALLERY」オープンと同時に、無事にブランド「STUDIO SEVEN」を始めさせていただきました。
片山　おお、会場からすごい拍手が。
NAOTO　ありがとうございます！　ほんとに自分だけではなく、おのおののメンバーがHIROさんに夢を全力で応援していただいてるっていうのがEXILEですね。
HIRO　自分は言霊を信じているんです。仕事中でも飲んでいる時も、同じことを言い続けると、常にどこか頭の片隅に残るじゃないですか。例えばNAOTOは前によく「ジャッキー・チェンがいちばん好き」って言ってたんですね、じゃあそういうアクション映画関連の話が来たらNAOTOに任せようって思いますし。ブランドとか、EXILE TRIBEの活動ってみんなそんな感じです。
片山　それはわかる気がします、うん。
HIRO　だから学生のみなさんも、やりたいことがあったら恥ずかしがらずにアピールして損はないですよ。まあ奇抜な伝え方すぎると逆効果かもしれないけど、本気の思いと真剣さが伝われば、どこかでつながるから。僕自身も松浦さんにそういうことをしてきて、応援していただいていまがあるので。ＮＡＯＴＯの話を聞いて、それ思い出しました。

ＮＡＯＴＯ　あとで何杯くらい飲んだらいいのでしょうか（笑）。

ＨＩＲＯ　いやほんとにさ、なんでＶＥＲＢＡＬとＮＡＯＴＯがいるんだろうと思って。まだわからない。大学に来てみたかったとか？

ＮＡＯＴＯ　人生で初めて、大学生になった気分を味わうことができて、それもすごく刺激的な１日でした。

片山　でしょ？　また遊びに来てください。

ＨＩＲＯ　それが真の目的（笑）？　だって俺の話なんて普段から聞いてますからね。

ＮＡＯＴＯ　そんなことないです。やっぱり今日初めて聞くお話も多かったですし。

片山　こちらの映像は後日事務所に収めますから、みなさんでご覧ください。

ＮＡＯＴＯ　そうですね、メンバーにも見せたいと思います。

片山　ありがとうございました、ＮＡＯＴＯさんでした！

ＮＡＯＴＯ　ありがとうございました！

すべてを自分たちでつくっていけるように

片山　ほんとにＨＩＲＯさんの人柄や器の大きさを実感する回になりました。最新のニュースをふたつだけお伝えして、学生からの質問コーナーに移りましょう。まずひとつめ、現在進行系の「HiGH&LOW」[※40]プロジェクトについて、説明していただけますか。

HIRO　「HiGH&LOW」というひとつの作品の世界観で、ドラマ、コミカライズ、オリジナルアルバムリリース、映画化、インスタなどのSNSや、ドームツアー展開をしていくプロジェクトです。こうやってひとつの物語、登場人物で通してミックスさせていく展開は、世界的に見てもそうないと思いますし、ドームツアーも全く違う仕掛けで、どっかんどっかんやれるような展開を考えている最中です。

片山　現段階での集大成的なフルキャストですよね、このプロジェクト。

HIRO　そうですね。登場人物と実際のEXILEのメンバーのキャラクターがリンクしているのと、まだ今回はあまり出ていないけれど、今後スピンアウトで明かされる展開や伏線もあります。わりとアクションが多いんですけど、強い人たちが弱い人を守るようなメッセージがテーマになっていて、暴力推奨では決してないので、そういうのが苦手な人も安心して観てください。

片山　もうひとつも映像関係のニュースです。しかも「HiGH&LOW」とは真逆に近いイメージの時代劇、劇団EXILEの青柳翔さんが主演の『たたら侍』[※41]という映画のプロジェクトですね。

HIRO　これは錦織良成監督が島根の方で、出雲って、相撲や歌舞伎や日本酒や、そういったもののすべての発祥の地なんですね。そして鉄がたくさんつくられている土地で――つまり日本刀の材料っていうことですけれど。日本の誇りや伝統を世界に発信するにはもってこいの題材だということで、先日クランクアップしたところです。

※40 「HiGH&LOW」ロゴ

※41 『たたら侍』

片山　こちらは２０１７年の公開を目標にされているんですよね（注：２０１７年５月20日公開決定）。
ＨＩＲＯ　はい。自分もまだ勉強している最中なんですが、日本刀って奥深くて、すごく日本の良さが世界に伝わる題材だと思っています。
片山　錦織監督との出会いは、わりと偶発的なものだったんですか
ＨＩＲＯ　そうですね、いまはＬＤＨに所属していただいてるんですけど。そもそもは、監督の前作『渾身 KON-SHIN』[※42]の主人公役のオーディションで、まだそんなに売れていなかった青柳翔を大抜擢してくれたんです。「彼しかいない」くらいの勢いで。無名の青柳をそこまで見込んでくれる映画監督さんに興味がわいて、お話しする機会をいただいたら、映画づくりにかける情熱に圧倒されて。例えば『たたら侍』は、フィルムで撮っているんです。ハリウッドではみんなフィルムだけど、日本だとフィルム使わないほうが多いじゃないですか。そういう話を聞いて感銘を受けて、ぜひ何か一緒にやりたいねと。
片山　伺っていると、誰かにお願いしたりされたりではなくて、一緒にやろうよっていう、同志感がすごいありますね。
ＨＩＲＯ　やっぱり人が好きなんです。この人になら任せられると思う方と一緒にエンタテインメントをつくりたいし、いざやるとなったら、全力で盛り上げていきます。
片山　実は僕は、武蔵美で進路指導委員をやっているんですけど、うちの学生がＬＤＨさんで働かせてもらえたりとか……。

※42『渾身 KON-SHIN』
２０１３年公開。監督・脚本：錦織良成。主演は「劇団ＥＸＩＬＥ」の青柳翔、伊藤歩。隠岐諸島の伝統行事である「隠岐古典相撲」を題材に、島とともに生きる人々の姿を描く。原作は川上健一の同名小説。

HIRO　あ、それ、こちらから言おうと思っていました。もし一緒にやりたいと思ってくれた人がいれば、ぜひ応募していただければ。

片山　「instigator」に参加して、お話に感動したんだと伝えれば、思い出していただけるかもしれないですね。

HIRO　うちは美術でもなんでも、基本はぜんぶ自分たちでやりたい会社なので、優秀なクリエイターを本当に募集しているんですよ。舞台美術とか、意外に思われるんですけど錦織さんのような映画監督や脚本家の方もいます。活躍の場はいろいろありますから、もしよかったら、ぜひ。

片山　打ち合わせでたまにLDHさんにお邪魔するんですけど、ほんとにHIROさんも普通にオフィスにいらっしゃるんですよ。フレンドリーな雰囲気で。スタッフみんなで、夢を一緒に叶えていく会社なんだなっていつも思います。そういえばこの前、たまたま伺った日が創立10周年の記念日だったんですよね。なんだか美味しそうな匂いがするなと思ったら、その日はHIROさんから全社員に、叙々苑の焼肉弁当がプレゼントされたんだそうです。

HIRO　そういえばそうでしたね、ちょっと機嫌を取っておこうかなって（笑）。

片山　いやいや、いい話だと思いました。今日はここにいるみんな、HIROさんから熱いメッセージをたくさんもらったと思うんですけど。ここからさらに、質問コーナーに移ります。HIROさん、よろしいでしょうか。

HIRO　もちろんです、聞いてもらったほうが答えやすいですし。なんか俺、会社のことばっかり話してるので、もっとダイレクトにみなさんと話したいですね。

片山　ありがとうございます。では、ＨＩＲＯさんに、質問したい人、挙手してください。うん、いちばん先に手を挙げた、そのＥＸＩＬＥのライブＴシャツを着ている彼女に、マイクを。

ＨＩＲＯ　あ、「FANTASY」※43のＴシャツですね

学生Ａ　はい、いちばん目立つやつを着てきました。えっほんとに？　どうしよう……。あの、お話ありがとうございました。空間演出デザイン学科の１年です。

ＨＩＲＯ　はい、よろしくお願いします。

学生Ａ　ええと、もし仕事とか、ビジネスとかいう枠がなくて、なんでも自由にできるとなったら、ＨＩＲＯさんはいま、どんなことをしたいですか。

ＨＩＲＯ　え、仕事以外でですか？

学生Ａ　仕事としても、仕事じゃなくてもいいんですけど、いちばんしたいこと……。

ＨＩＲＯ　どちらかというと僕は、仕事とやりたいことが一緒の人生がいいなと思ってやってきたんですね。だからいまやっていることのすべてが生きがいだし、遊びでもある。もちろん独りよがりではできないし、うまくいかない時はストレスやプレッシャーも感じます。自分に新しい刺激をくれる人と出会ったら一緒に何ができるかを考えるし、それが遊びで終わるか仕事にもつながるかは、その時の判断によるのかなっていう、わりと柔軟な感じで過ごしているつもりです。答えになってるかな。

学生Ａ　ありがとうございました。ほんとに私、中学の頃からずっとほんとにファンで。

※43　FANTASY　「EXILE LIVE TOUR 2010 FANTASY」２０１０年に開催されたＥＸＩＬＥのライブツアー。

緊張しすぎてもうなんかしゃべれない……。

HIRO　ありがとうございます。嬉しいです。そのTシャツを見て、やっとなんか、ここにいていいのかなってホッとしました。

片山　彼女、事前のアピールすごかったんですよ。誰よりも早く手を挙げるから当ててくださいって。たぶん、緊張しまくってて、自分で何言ってるか、わかってないけど(笑)。

HIRO　質問の意味はすぐわかりましたよ。でも本当にぜんぶやりたいことですし、これからもそういうことがどんどん増えていくんだろうなって。何回も言っちゃうんですけど、大好きなEXILEメンバーが輝くことを考えるのが、自分のやりたいことになっているっていうか。その先に答えがあるような気もします。

片山　次は……どうしても聞きたい人だけね。……じゃあ、中央に座っている、ベレー帽をかぶっている彼女、目が輝いてるから。

HIRO　なんか、天才肌っぽい人がやっぱり多い感じですね。こうして改めて席を見わたすと、発想豊かな方が多そうです。

片山　いろんな子がいます(笑)。あ、マイクわたった?

学生B　はい、えっと、工芸工業デザイン学科の3年です。

HIRO　よろしくお願いします。

学生B　なんだか夢みたいで、しかもNAOTOさんまでいらして……。

HIRO　NAOTOさんへの質問でもいいですよ、そこにいるから(笑)。

学生B　母がもう、NAOTOさんの大ファンでもうほんと。

片山　母なの？　あなたじゃなくて母なの？

学生B　私も大好きなんですけど、はい。毎日ほんとに元気をもらっています。それで質問させていただきたいのが、みなさんの衣装についてなんです。三代目とかＧＥＮＥＲＡＴＩＯＮＳのツアーとか、……すみません、ちょっともう動悸が……ライブの時の衣装って、外注なんですか？　それともＬＤＨに、そういう衣装をつくる部署があるんでしょうか。

ＨＩＲＯ　基本はアパレル担当の部署がありますね。外注もありますが。この前の三代目のツアーは、ＮＡＯＴＯがぜんぶ、衣装のプロデュースやったんですよ。

学生B　えっそうなんですか。

ＨＩＲＯ　さっき「VOCAL BATTLE AUDITION」の話をしましたが、似たような感じで、「CREATOR BATTLE AUDITION」※44もやったんです。この話はしてなかったですね。脚本家さんやデザイナーさんを募集して、優勝したデザイナーさんにＧＥＮＥＲＡＴＩＯＮＳの衣装を担当してもらったりしました。衣装をつくられているんですか？

学生B　専門はテキスタイルなんですけれども、将来アパレルのデザインも勉強したいと思っているんです。ぜひ、もう……。

ＨＩＲＯ　よかったらＬＤＨへ。

片山　次にそういうオーディションがあったら出ないとね。

学生B　はい、もうほんと夢みたい。ありがとうございます（手で目頭を押さえる）。

片山　えっ大丈夫？　感極まっちゃったかな、大丈夫？

※44　CREATOR BATTLE AUDITION（クリエイター・バトル・オーディション）2013年に開催された、優れたクリエイターを発掘するためのオーディション。第1回は脚本家、第2回は作詞家、ソングライター、トラックメーカー。第3回はコスチュームデザイナー、グラフィックデザイナーの募集があった。

学生B　はい、大丈夫です。ちょっともう、やばいですけど。
HIRO　嬉しいです、ありがとうございます。
片山　ほんと、がんばって勉強して、夢を叶えてほしいな。

自分の生き様に誇りを持っていないと、大切な人も守れないから

片山　次は動揺せずしっかり質問できる人（笑）。じゃあ後ろのほうで、両手を挙げているグレーの洋服の彼女、行きましょうか。マイクをまわしてあげて。はい、どうぞ。
学生C　お話ありがとうございました。今日お話を伺っていて、HIROさんはとても誇りを大切にしてらっしゃるんだなと感じました。映像にもプライドという言葉が何度も出てきましたよね。きっとそのプライドって、自分が自由であるためのものなんだろうと思いながら、聞いていました。でも世の中には、言葉の意味を履き違えて、自分自身が縛られている人もいると思います。そこで改めて、HIROさんにとってのプライドがどういうものなのかを、お伺いしたいです。
HIRO　昔は変なプライドもあったんですよ。名前をEXILEに変えるのが嫌だったっていうのも、いま冷静に考えると、ダメなプライドの一種ですよね。でもいくつも失敗して反省して、それは本当のプライドじゃないってことに気付いて人生をやり直して、いまがあります。ではプライドがあるとどうなるかというと、ブレないんです。悔しいことがあっても、我慢できる。そうして乗り越えた経験がまたプライドになる。若

い頃ってなかなか気付けないけれど、ある時点で人生を振り返った時、自分を支えて守ってくれてきたものは、そういう誇りだと思うんです。でも質問してくれたあなたは、すでに偽りのプライドと本当のプライドについて理解している。それを忘れずいろんなものに食らいついて乗り越えていけたら、そのプライドはどんどん本物になり、人生を豊かにしてくれると思います。

片山　ZOOでデビューしていきなり武道館公演をしたHIROさんが、JSBを結成されたあと、年間100回くらい、ショッピングモールや路上といった、全く違う環境のステージでライブをされていたというお話がありました。そこでも、覚悟が決まっていたから、ブレなかったとおっしゃった。それもたぶん、誇り、なんでしょうね。

HIRO　自分の生き様に誇りを持てないと、他人の評価に流されたり、弱気になっちゃったりしますよね。それじゃあ、大切な人も守れない。だから自分にとっての誇りは、自分を奮い立たせるための道具でもあるかもしれないです。

片山　どんなことがあっても戻ってこれる場所、のような。

HIRO　そうですね。それがあれば苦労も苦労じゃなく感じるような。えーとNAOTOさんは、誇りについてどう思いますか?

NAOTO（観客席から）　そうですね、ボスであるHIROさんの下、EXILEそしてJ Soul Brothersの名前で活動させていただいてるので、決して名前を汚すことのないように……自分たちもしっかりと想いを持って、エンタテインメントとして発信していく。それが自分の誇りだと思って、活動してます。

HIRO　いきなりフリすぎた？　観客席からありがとう、ごめん（笑）。そう、いまNAOTOが言ってくれたみたいに、チームとしての誇りももちろん自分を強くしてくれますよね。大丈夫ですか？　答えになってました？

学生C　とても、はい。ありがとうございます。

片山　じゃあ最後。ひとりくらい男性の質問も欲しいですね。だいたい8割くらいが女性なんですよ。

HIRO　男子学生は毎日楽しいですね？　なんて、そんなことないのかな（笑）。

片山　どうでしょうね（笑）。ええと、ではバンダナ巻いてる彼にマイクを。

学生D　空間演出デザイン学科の1年です。よろしくお願いします。

HIRO　よろしくお願いします。

学生D　自分も小学生の頃からEXILEさんのファンで、いまめっちゃ緊張してるんですけど。毎回、HIROさんの発想ってほんとに面白いなって驚かされていて、HIROさんみたいな発想ができるようになるために、大学生とか若いうちにどんなことをしたらいいか、アドバイスをもらえたら嬉しいです。

HIRO　好きなことを究める……って言いたいところだけど、自分は極端すぎて、ちょっと羽目を外しすぎちゃったので……好きなことを追求しつつ、客観的に自分を分析できたら、より良いかもしれないですね。特にいまの時代は、僕らの頃よりもいろいろ厳しいところがあるじゃないですか。

片山　そうですよね。手に入る情報も多いし、発信もしやすくなりましたけれど。

ＨＩＲＯ　でもこの歳になるとわかるんだけど、若い時期に吸収するエネルギーってほんとに半端ないんですよ。僕も10代後半から20代前半にかけて受けた刺激や、そこで培った感性がいまもすごく生きています。発想力があると思っていただけるとしたら、アイディアの引き出しがいちばん増えたのはその時期だと思う。やりたいことや好きなことはものすごいせっかちに究めて、いっぱい自分の材料にしていく。冷静な自分と好きなことに突進していく自分と使い分けができたら、すごくいいんじゃないかと思います。

学生Ｄ　ありがとうございます。

ＨＩＲＯ　とんでもない、こちらこそ。

片山　トライ&エラーってよく言うけど、トライしないと成功も失敗もないんですよね。いまの学生って結構びくびくしていて、トライができない。失敗してもいいと思うんですよ。後々に生きる失敗であれば、意味があるじゃないですか。全力でトライしないと、たぶん何にも得られないってすごく思うんですね

ＨＩＲＯ　僕も昔は苦労とか嫌でしたけど、振り返れば失敗が自分の財産になっているんですよね。完璧な人なんて絶対にいないと思うし、どんどん行動して失敗したほうがいいと思います。若いうちの失敗なら、よほどのことがなければ取り戻せるから。

片山　何でもありっていうのを、拡大解釈するのはダメです。ルールとか、ある一定のラインは守らないと。でも自分が恥ずかしいとか、失敗を恐れて動けないとかなら、やってみたほうがいいよ。僕も今回、ＨＩＲＯさんに「このイベントに来ていただけませんか」ってお願いしたの、すごく緊張しましたからね。ＯＫいただけてラッキー、聞いて

みるもんだな、と思いましたから。

HIRO そんな、片山さんはすごい尊敬している方なんで。まだそんなに何度もお会いしてはいないんですけど、会った瞬間に、さっきの映画監督の時と同じで、今後いろいろお世話になりたいなって直感しました。このイベントのことは知らなかったんですけど、きっと素晴らしい場所なんだろうなって思いながら本当に来ちゃって、大丈夫でしたでしょうか。

（会場拍手）

HIRO ありがとうございます！　なんだかライブ会場みたいですね。

あらゆるエンタテインメントが揃う場所をつくりたい

片山 最後に僕からも質問をさせてください。10年って、遠いといえば遠い、近いといえば近い、いずれにしてもなんとなくイメージできる未来だと思っているんです。HIROさんは10年後、どんなことをしているのか、ビジョンがありましたら、ぜひ教えていただけたらと思うのですが。

HIRO やりたいことがすでにいっぱいあるんですけど、とにかく社会から必要とされる存在で居続けたいですね。エンタテインメントというのは、人に感動してもらえるっていう、目に見えないすごい力があると思います。LOVE・DREAM・HAPPINESSというテーマは絶対にブレることなく、10年後もいま以上に多くの人たちと、一緒にいい夢を見れる場所をつくっていきたいです。

片山　具体的なイメージはありますか？

HIRO　テーマは違いますけれど、例えばラスベガスのカジノに行けば、あらゆるゲームを楽しめますよね。それのもっと大きなエンタテインメント版、ライブも舞台も映画もファッションも音楽も、あらゆるエンタテインメントが揃うような場所を、10年後くらいにつくれてたらいいなと思うことはあります。とにかくたくさんの人に喜んでもらえるようなことを、提供し続けられる存在でありたいですね。

片山　あの……ダンサーとして復帰することは、ないのでしょうか。

HIRO　EXILEや三代目のライブと同じことをやるとしたら、自分の中では1年くらいは鍛え直さないと嫌ですね。軽く踊るならまあ、いまでもできますけど。それだけ命がけのトレーニングをして臨んでいたので、現役でとは考えていないです。

片山　そんな簡単に言うなということですね。みんな観たいと思うんですよね。さっきの映像もほんとすごい迫力で。

HIRO　うーん、何事も、絶対ないとは言えませんけど。負けず嫌いなんですよ。NAOTOさんはいまEXILEと三代目を兼務しているので、ドームツアーで年間41回も踊ってるんですよ。ギネス記録かもしれない。やっぱりそれだけ鍛えられた身体してますからね。

片山　41回ですか⁉

HIRO　そうです、9日に1回はドームで踊ってます。だから今日、ほんとになんでここにいるのかなって。

片山　いろいろと、ありがとうございます。10年後のビジョンも叶えていただきつつ、ファンとしてはパフォーマンスも見れたらいいなとどこかで期待して。

HIRO　すみません、あんまり、しゃべりうまくなくて。

片山　そんなことないです、素のHIROさんで話してくださって、みんなの励みになりました。学生からすると、緊張してしゃべれないくらいの大スターも、自分と同じくらいの年齢の時には、挫折も経験していた。覚悟を決めて進めば、こういう大人になれると感じてくれたはずです。

HIRO　こんなでいいなら絶対なれますよ。18歳とか、20歳なんだもんね。いいですね。自分はほんとダメダメで、30歳くらいまで相当ダメでしたよ。さっきも言ったけど、みなさんすごいエネルギーがあるんだなって感じましたし、目に情熱があって。

片山　未来あるみんなには、そのエネルギーをいい方向に使ってほしいなっていつも思うんです。HIROさん、今日はありがとうございました。

HIRO　ありがとうございました！

片山　……ここで終わりなんですが、さっき質問をしてくれた4人は、HIROさんのサインをもらっておきましたので取りに来てね。あ、すごい喜んでる（笑）。

HIRO　よかった。

片山　実は今日は、ほかの人にも嬉しいお知らせがあります。な、なんと、HIROさんが会場にいる全員に、ものすごいプレゼントを持ってきてくださいました。

HIRO　はい。俺しゃべるの下手なんで、LDHのことをもっと知ってもらいたいと思って、昔自分が書いた本とか、ATSUSHIが書いた本とか、あとEXILEのスペシャルパッケージ版のアルバムも持ってきたので、よかったら観てください。

片山　アルバムは豪華版なんですよ。すごいよね。これぜんぶ、もれなくいただけるという太っ腹企画です。ほんとえらいことですよ、みなさん。

HIRO　とんでもないです。

片山　あのね、こうしてHIROさんにしていただいたことを、忘れないで。「すごい人だから」とそれだけで済まさずに、していただいたことを返せるようになってね。そのままHIROさんにお返しするのは無理だと思うんだけど、その分、みんなが先輩になった時、後輩にしてあげてほしいんです。それも今日のHIROさんのお話の、大事なところだと思うから。

HIRO　こちらこそ素敵な思い出ができました。ありがとうございます。精一杯走り続けるので、今後ともよろしくお願いします。

片山　改めて、大きな拍手でお見送りしましょう。ありがとうございました！

EXILE HIRO先輩が教えてくれた、「未来」の「仕事」をつくるためのヒント!

□野球をやめてからは、やりたいことを決めつけないようにしていた気がします。その時々に自分が好きだと思ったことを研究していたというか、一生懸命遊んでいたというか（笑）。

□エンタテインメントっていうのは人に喜んでもらったり感動してもらったりすることが基本であって、何をつくるかはそのあと。若い頃は視野が狭くて、そのことに気付くまでに時間がかかりました。

□表舞台で見せる派手なイメージとは裏腹に、うまくいかないストレスのほうが多かったかもしれません。でも失敗してもまた一緒にがんばろう、と言い合える仲間がいたから、耐えて来れた。

□同じことをやっていたら、必ず慣れてしまいます。ファンのみなさんに喜んでいただくには、常にギラギラした場所にいることも必要なんです。

□プライドがあるとブレないんです。悔しいことを乗り越えた経験が、またプライドになる。自分を支えて守ってくれてきたものは、そういう誇りだと思います。

Music for **instigator**
Selected by Shinichi Osawa

#014

1	Black Shoes	Felix Laband
2	For Free (Interlude)	Kendrick Lamar
3	Serenade For Sarah (Instrumental)	
4	Rewind	KELELA
5	Unknown	
6	Zou Bisou Bisou	Gillian Hills
7	Death With Dignity	Sufjan Stevens
8	Etoh	The Avalanches
9	Stories	Chakachas
10	Bittersweet	Everything But The Girl
11	Bohemia After Dark	Oscar Pettiford
12	Looking For	Mizan
13	Shadow Show	CASSARA
14	Data Mining (excerpt).	Frank Bretschneider
15	Walk About	Linda Lewis
16	Double Dare	Shelf Life
17	White Mice + 風と落葉と旅びと	Mosca + チューインガム
18	Every Time	Katy Kirby
19	Runway (Ft. Alo Lee)	Sensi Sye
20	Aht Uh Mi Hed	Shuggie Otis
21	Les Violons De La Mort	Francis Lai & Michel Legrand

※上記トラックリストはinstigator official site(http://instigator.jp)でお楽しみいただけます。

401
#015
instigator

#015

Hitoshi One

大根 仁

映像ディレクター

1968年東京都生まれ。映像ディレクター。映像系の専門学校を卒業後、ADとしてキャリアスタート。のちにテレビ演出家・映像ディレクターとして、数々の傑作ドラマ、ミュージックビデオを演出。特に深夜ドラマにおいて『劇団演技者。』『湯けむりスナイパー』『モテキ』など続々と話題作を生み出し、「深夜ドラマ番長」の名をほしいままにする。2011年テレビドラマ版に引き続き脚本・演出を手がけた映画版『モテキ』にて映画監督デビュー。以降、映画、テレビドラマ、舞台の演出を手がけるかたわら、ラジオパーソナリティ、コラム執筆、イベント主催など幅広く活躍する先鋭的なクリエイター。

運営側も出演者も観客も対等で、
みんな「自分がいちばん楽しい！」と思ってる。
そんなロックフェスみたいな仕事をしたいって、
考えるようになったんです。

小学6年生、『北の国から』でドラマに興味を持つ

片山　みなさん、こんにちは。本日のゲストは大根仁さんです。肩書きは映像ディレクターですが、活動は多岐に渡っています。テレビ番組やプロモーションビデオを数多く手がけられていて、さらには大ヒット映画を生み出す映画監督でもあります。早速拍手でお迎えしましょう。

大根　大根でーす、よろしくお願いします。

片山　どういうご縁かというと、僕がサカナクション[※1]の山口一郎[※2]さんのコンサートに行った時に偶然お会いして、一緒にいた本広克行[※3]監督に紹介してもらったんです。すぐにお声掛けして、こうして来ていただけることになりました。ありがとうございます。どうぞ、お掛けください。

大根　え、このまま中央でふたり並んで、漫才みたいなことしなくていいんですか。

片山　僕にそんな器用さはないです、すみません（笑）。

大根　じゃあ失礼して。それにしても、すごい人数ですね。想像してたよりも大きな講堂で、ビビってます。

片山　満席なので、500人くらい入ってますね。

大根　ここにいるみんな、親のスネをかじっている美大生なわけですね。

片山　スネをかじっているかはわかりませんが（笑）、デザイナーやアーティストにな

※1　サカナクション　2005年、山口一郎（ボーカル、ギター）を中心に結成された5人組ロックバンド。文学性の高い歌詞、郷愁を感じさせるフォーキーなメロディ、クラブミュージックやロックなど、様々な音楽的要素を混在させた独自のスタイルが高く評価されている。

※2　山口一郎（やまぐち・いちろう）　1980年北海道生まれ。ミュージシャン。2005年にロックバンド、サカナクションを結成。2007年にアルバム『GO TO THE FUTURE』でメ

りたい子たちが集まっています。僕は空間演出デザイン学科の教授なのですが、このイベントは、武蔵美の学生であれば誰でも受講できるんですよ。今日は映像学科の子も多いんじゃないかな。映像の人、ちょっと手を挙げてみて。

大根　おおー結構、いますね。ではこれから3時間くらい、全く役に立たない話をします（笑）。

片山　またそんな（笑）。

大根　いや冗談抜きに、実用的な話はできないと思います。この仕事は教科書みたいに教えられることってないですし。ただひとつだけ。「才能なんかなくたってどうにかなりますよ」ってことだけは、声を大にして言いたいですね。ものづくりの世界って、わりと才能重視っぽいイメージあるじゃないですか。でも僕みたいなのでもなんとかやっていけてます、ということを、これから3時間かけて話していきまーす。

片山　みんな「またまたー」って顔して見てますよ？

大根　いえいえほんとに。

片山　ではその言葉の真偽を、これからじっくりと聞いていきましょう。早速ですが、大根さんは東京都国立市のご出身なんですね。ここ武蔵野美術大学鷹の台キャンパスからだと、わりとご近所のイメージです。どんな子ども時代だったのでしょうか。

大根　実は国立に住んでいたのは、2歳くらいまでなんですよ。両親ともに千葉県の銚子の出身で、たまたま仕事の都合で国立に住んでいた時に、僕が生まれたんです。だから物心ついた時には、すでに千葉で。

ジャーデビュー。バンドのフロントマンとしてほぼすべての楽曲の作詞作曲を手がける。instigator #010ゲスト（『片山正通教授の「遊ぶ」ように「仕事」をしよう』収録）。

※3　本広克行（もとひろ・かつゆき）　1965年香川県生まれ。映画監督。バラエティ番組、テレビドラマのディレクターを経て、『7月7日、晴れ』で映画監督デビュー。その後『踊る大捜査線』シリーズなど多くのヒット作を手がける。instigator #004ゲスト（『片山正通教授の「好きなこと」を「仕事」にしよう』収録）。

片山　そうだったんですか。

大根　でも「国立市出身」のほうが、なんかかっこいい気がして（笑）、公式プロフィールは国立で通しています。

片山　出身であることには間違いないですもんね。では2歳以降は、ご両親の地元である銚子のほうへ戻られたんですか？

大根　育ったのは船橋です。船橋って、典型的なベッドタウンなんです。30分電車に乗れば東京だけど、ちょっと下ればすごい田舎。ただこれは卑下しているわけじゃなくて、のちの自分の仕事に生きている部分もあるんですよ。日本の平均的な場所で育った強みっていうのが、たぶん、あるんですよね。

片山　平均的な場所で育った強み、というと？

大根　地方出身だったら、クリエイターを目指すにしても、もっと背負うものがあったと思うんです。成功するまでは実家に帰らない、とか。そういう気概は全くないですし、かといって東京生まれではないから、都会にはちょっとまぶしさもあったりして（笑）。そのあたりのバランスが、自分の場合はわりと、重要な気がします。

片山　ご両親は、どんなお仕事をされていたんですか。

大根　父親はごく普通のサラリーマンで、母親は僕が小学校3年生になるまでは、専業主婦でした。僕に手がかからなくなってから働き出しましたけど。あと兄貴がひとりいます。母親が働き出した頃には兄は中学で部活動をしていたので、僕が小学校から帰ってくると、家には誰もいないんですよ。つまり兄が帰ってくる夜7時くらいまで、家の中はオレの天国。テレビのチャンネル権もすべてオレのもの。となると、そこで好きなドラマやアニメが見放題で、テレビ大好きっ子に育つわけです。
片山　僕らが子どもの頃って、テレビの影響力すごかったですよね。
大根　あれ。片山さんって、おいくつでしたっけ。
片山　ほぼ同年代ですよ、１９６６年生まれ。今年で50です。
大根　わっ、２歳しか違わないんですか。仕上がってる感がすごいので、もう少し上かと思ってました。僕が中学1年の時に中学3年という、いちばん怖い先輩ですね（笑）。
片山　先輩後輩の厳しい時代でしたよね（笑）。だから見ていた番組も、だいたい共通しているんじゃないかと思います。テレビといえばリアルタイムで見るものでしたよね。ビデオもそんなに普及していませんでしたし。
大根　オナニーも紙専門で。
片山　会場のみなさん、ここは笑っていいところだからね。そんな神妙な顔をして聞かないで（笑）。
大根　武蔵美出身の、リリー・フランキー[※4]っていう大好きな先輩がいるんですけど、彼が紙媒体でオナニーすることを「カミセン」って命名したんです。そして「カミセンは想像力が養われるんだ」と、ことあるごとに言っていて……。
片山　大根さん、たぶんいま、この会場にいる85パーセントが、女子生徒なんです。
大根　あー、ええと、ではいまから急にシフトチェンジに入ります（笑）。えー、当時すごく好きだった『北の国から』[※5]というドラマがあって、これが僕の人生に大きな影響

※4　リリー・フランキー　１９６３年福岡県生まれ。イラストレーター、作家、写真家、俳優、作詞・作曲家など、ジャンルを問わず幅広く活動するマルチタレント。武蔵野美術大学卒業。

を与えるんですけれども、みんな『北の国から』って、知ってます？

片山 知ってる人、手を挙げて。……まああいますね。

大根 それでもみなさんが知っているのは、何年かに一度のスペシャル企画じゃないですか？ 最初は週1回、2クールの連続ドラマだったんですよ。最近の連ドラは3か月1クールで完結するものがほとんどですけど、その頃は2クールかけてじっくり進む作品が結構ありました。『北の国から』は僕が小学校6年生の時に放映されたんですけど、すごい異色で。いままで見てきたドラマとは全く印象が違ったんですよね。

片山 なんだか、見てはいけないものを見ているような気になりましたよね。ダイジェスト映像を見ながら、お話を聞いていきましょうか。

（『北の国から』のダイジェスト映像が流れる）

大根 もう、この主題歌[※6]が流れるだけで気持ちが昂ぶりますね……。いま出ている、この純と蛍っていう兄妹が、またリアルだったんですよ。それまでの子役の演技って、子どもながらに「演技している子役だな」って感じだったんですけど、純と蛍は、マインドも表情も、オレたちと同じような小学生だったんです。

片山 初回放映時に、吉岡秀隆さん演じる純が小学4年生、中嶋朋子さん演じる妹の蛍が小学2年生の設定でした。

大根 「このドラマつくった人、大人なのによくオレたちのことわかるな」と思いなが

※5 『北の国から』フジテレビ系で放送された、主に北海道富良野市が舞台となったテレビドラマ。1981年10月9日から翌3月26日まで「金曜劇場」枠で連続ドラマ放送。1983年から2002年まで不定期で8編のドラマスペシャルが放送された。

※6 主題歌『北の国から～遥かなる大地より～』歌詞のないインストゥルメンタル。作曲・編曲さだまさし。

ら見ていて。……ここ、8話ですね。これ9話。ああ、このシーンは11話……って本当はね、24話ぜんぶここで流したいくらい。オレの解説付きで（笑）。

片山　当時の評判ってどうだったんですか。スペシャル番組がつくられるくらいだから、やはり大ヒットしたんでしょうか。僕はそこまでよく覚えていなくて。

大根　連ドラは平均視聴率13パーセントくらいですね。現在の感覚でなら悪くない数字だけど、当時はみんながテレビを見てた時代ですから、どちらかというと失敗作って言われてたんですよ。でも後半から最終回に向けてだんだん注目されていって。純と蛍の思春期というか、恋愛話がメインとなっていく『87初恋～』からは、※7尾崎豊の曲を使ったりしてわかりやすくメジャー路線になり、国民的ドラマになっていくんです。

片山　なるほど。

大根　でもね、僕からするとそれはもう、魂を売ったあとというか（笑）。連ドラの、なんだか暗い、ややこしい雰囲気にこそ、小学校6年生の僕は心揺さぶられたんですけれども。

片山　世の中的にはバブル前の時代ですよね。あの頃のドラマって、もっとこう、明るいっていうか。そんな複雑じゃない、楽しいホームドラマが多かった気がします。

大根　高度成長期で、イケイケドンドンだった頃ですからね。あとから知るんですけど、この『北の国から』のシナリオを書いた※8倉本聰さんの境遇が、まさに田中邦衛さん演じる五郎さんそのままなんです。すごい売れっ子の脚本家だったんだけど、トラブルがあってＮＨＫ大河ドラマ※9『勝海舟』を途中降板して、そのまま東京に見切りつけて北海道に

※7　『尾崎豊（おざき・ゆたか）1965年東京都生まれ。シンガーソングライター。1983年高校在学中に、シングル『15の夜』とアルバム『十七歳の地図』でメジャーデビュー。若者を中心に多くの共感を集めるカリスマ的存在となるが、1992年26歳の若さで死去。

※8　倉本聰（くらもと・そう）1935年東京都生まれ。脚本家、劇作家、演出家。1959年ニッポン放送に入社し、脚本家デビュー。1963年に独立、1977年北海道・富良野に移住。俳優や脚本家を養成する私塾「富良野塾」を主宰。

※9　『勝海舟』1974年1月6日から12月29日までNHK総合にて放映された大河ドラマ。全52回。原作は子母沢寛の同名小説。当初主演の勝海舟役だった渡哲也が急病のため降板し、10話以降は松方弘樹に交替。さらに脚本の倉本聰がディレクター陣と衝突して途中降板するなど、異例の事件が続いたことでも話題となった。

移住するんですよ。五郎さんも、東京で暮らしていたんだけど、奥さんの令子さんに不倫されちゃって、それがきっかけで故郷の富良野に帰って、男手ひとつで純と蛍を育てる決意をするんです。

片山　だいぶ、ディープな設定ですよね。

大根　冒頭から、不穏な雰囲気が満載です（笑）。でもそんな『北の国から』にドはまりしたんですよねえ。後日、たまたま書店でシナリオ本を見つけて読んだことが、映像というかドラマづくりに興味を持つきっかけにもなりましたし。

片山　『北の国から』は連続ドラマの放映が、1981年10月から1982年3月まで。その後、93年から不定期で、02年までに8本のスペシャルドラマ版が制作されました。

大根　「あの頃は良かった」なんて言うとオッサンくさいですけど、1980年代は冷静に考えてもテレビの黄金期だったと思います。世の中とテレビ番組の雰囲気が一致していましたし、『北の国から』だけでなく、どの番組も面白かったですもん。

片山　規制も少なかったのでしょうか。

大根　当時も規制はあったんですよね。まあテレビが面白くなくなったのって、テレビ業界が一流の就職先になってしまったことがいちばんの理由だと、僕は思ってます。テレビって後発のメディアで、50年代、60年代には映画やラジオ業界のほうが格上だという風潮が色濃く残っていたんですよ。そこであぶれた人たちや、アウトローっぽい人が、テレビ業界に流れてきた。その頃に入社した人たちがキャリアを積んで、ある程度、自分のやりたいことをやれるようになったのが80年代だったんですよね。わりとやんちゃな劣等生が、好き勝手やっている感じがすごく面白かったんだと思います。特にバラエティはそうですね。

片山 実験的なことも許されていたってことですよね。確かにバラエティや深夜番組のテンションは、いまでは考えられないくらい、弾けていました。

大根 僕は1989年に業界に入ったので、ギリギリその頃のテレビに関われたんですよね。それはほんと幸せだったなと思ってます。

片山 肩書を映画監督ではなく映像ディレクターとおっしゃるのは、テレビ業界に思い入れが深いという理由もあるのでしょうか。

大根 そうですね、ずっとテレビでやってきて、食わせてもらってきたので。

片山 映画監督、とおっしゃるのかと思ってました。

大根 うーん、なんかそれを自分で言うのは、偉そうに思えちゃうんですよね（笑）。

大学受験はせず、麻雀とアルバイトに勤しむ

片山 テレビに魅了され、『北の国から』で映像の世界に興味を持った大根少年ですが、そのまま映像の分野にまい進したわけではなく、中学ではサッカー部に入ります。先ほど少しおっしゃっていましたが、先輩後輩などの上下関係が厳しかったとか。

大根 先輩後輩っていうのもありましたけど、全体的に学校が荒れてました。世代的にヤンキー全盛期だったじゃないですか。

tor

片山　横浜銀蝿[※10]とか、流行っていましたよね。

大根　僕は船橋にある二宮中学校っていう、ごく普通の公立校に通っていたんですけど、中学生なのに入れ墨を入れてる先輩とか、木刀1本で隣の中学に殴り込みに行く先輩とか、なんかそういう伝説のヤンキーみたいな先輩が何人かいました。喧嘩もしょっちゅうあって、それでテレビ局が取材に来たり。あと真冬なのに毎日窓ガラスが割られてて、超寒かったです。

片山　ここにいるみんなは想像つかないかもね。全国的にヤンキーがかっこいいという雰囲気があったんですよ。大根さんはどういう立ち位置でしたか。

大根　自分はわりと、そういう不良の先輩にすりよるのもうまかったんですけど（笑）、かといってそっちにどっぷりハマる気もなく。ちょうどサブカルチャー的な出合いもあった頃なので、学校ではヤンキーの友だちや、サッカー部のヤンキーの先輩とうまくやるコツを探りつつ（笑）、家に帰るとRCサクセション[※11]やYMO[※12]といった、全然違うノリの音楽を聞いてました。

片山　わかります、僕も似たような感じでした。そういう中学時代を経て、高校では映画研究部に所属されるんですよね。ここで本格的に映像制作の世界に入られたのかなと思いきや……。

大根　いやー、3年間で映画1本もつくらなかったです（笑）。部員が少ないので部長をやっていたんですが、学校から割り振られる活動予算でマージャン卓を買って、3年間、ずーっと麻雀してました。だから麻雀は、いまでもめっちゃ強いですよ（笑）。

※10　横浜銀蝿（よこはまぎんばえ）　正式名称「THE CRAZY RIDER 横浜銀蝿 ROLLING SPECIAL」。ロックバンド。1980年にシングル『横須賀Baby』とアルバム『ぶっちぎり』でメジャーデビュー。リーゼント、ドカンなど暴走族を連想させるファッションに、「ツッパリHigh School Rock'n Roll」などの楽曲で、一世を風靡。

※11　RCサクセション（アールシー・さくせしょん）　1969年に結成した日本のロックバンド。1970年『宝くじは買わない』でデビュー。主にボーカル、ギターの忌野清志郎（1951年—2009年）による過激なパフォーマンス、メイク、ファッションは「日本のロックバンド」のイメージの元になったともいわれ、音楽シーンのみならず、1980年代以降のカルチャーにも大きな影響を与えた。1991年に活動休止。

片山　映画が好きだから入ったんですよね？

大根　映画館にはよく行ってました。いまは映画館っていうとシネコン中心で、1本ごとにお金払わなきゃいけないですけど、当時は500円の入場料を払えば、2本、3本とまとめて見ることができる名画座がいっぱいありましたから。どっちかっていうといまも、つくるより見るほうが好きですね。観客の意識のほうが強いかもしれない。

片山　その頃に見た映画で、特に影響を受けた作品はありますか。

大根　いちばん惹かれたのはアメリカン・ニューシネマ[※13]的なものですかね。ベタで恥ずかしいですけど、『タクシードライバー』[※14]とか。ポルノ映画館にもお世話になりましたよ（笑）。さっきも言ったけれど、AVなんかない時代なので、そういう女の人の裸を映像で見れる場所って、映画館しかないんですよ。だから友だちと3人くらいで、学校帰りに学ランの襟を内側に織り込んで、ジャケットみたいにして、18歳以上のフリをして通ってました。いま考えるとコントみたいなんですけど（笑）。

片山　それは絶対にバレてますね（笑）。

大根　そう、窓口でチケット売ってたおばちゃん、半笑いでした（笑）。でもそうやって涙ぐましい偽装をしてクララ座に通っていましたねえ。そこでおっさんにナンパされたりとか、まあいろんな思い出があります。

片山　えーっ、そんなことも。でも当時のポルノ映画というのも、のちに巨匠と呼ばれるような監督を輩出してますよね。さっきのテレビの話じゃないですけど、実験的なことができる、自由なステージだったというか。

※12　YMO（ワイエムオー）正式名称：イエローマジックオーケストラ（Yellow Magic Orchestra）。細野晴臣、高橋幸宏、坂本龍一によって、1978年に結成された日本の音楽ユニット。シンセサイザーやコンピュータを活用した楽曲で、日本における「テクノポップ」ジャンルを確立。活動期間はわずか5年だが、ワールドツアーなども行い、音楽性、ファッションなどジャンルを超えた影響力を持った。1983年に「散開」（解散）するが、1993年、2007年に一時的に「再生」（再結成）している。

※13　アメリカン・ニューシネマ　1960年代後半から1970年代にかけてアメリカで製作された映画作品、新しいムーブメントの総称。潮流は『俺たちに明日はない』（アーサー・ペン監督／1968年日本公開）に始まったとされ、主に反体制的な若者が主人公となっているのが特徴。いずれも若い監督による新しい手法が用いられ

大根　日活ロマンポルノ[※15]系はそうですよね。でも僕が見てたのはもっとB級C級の映画なので、そういう高尚な感じとは違いました。ただ裸が見たいだけなので、ストーリーは全くアタマに入ってない（笑）。あ、でも映像に興味がある人は、社会見学として1回はポルノ映画館に行っておいたほうがいいですよ。新宿にもあるし。沖縄の首里城近くにあるポルノ映画館なんてすごいカッコイイんです。1日中ポルノ映画を流しているんだけど、客はふたりくらいしかいなくて、猫が住み着いていて。先代から受け継いだ若い館主が経営していて、若者がイベントやったりもしています。

片山　いまもポルノ映画館のリサーチをされてるんですか？

大根　地方に行ったら、なるべくネタを仕込もうとはしています（笑）。

片山　さすがですね。そうして映画に親しみつつ、高校を卒業後は、映像を学ぶために映像系の専門学校へ。もうこの時には、映像の仕事に就くことを考えていたんですか。

大根　ぼんやりと、ですね。というのも、中学までは普通に勉強できたんですけど、高校に行ったら、何かの病気にかかったかのように授業内容が全く理解できなくなったんですよ。冗談じゃなく、1年の1学期の中間テストで、いきなり学年ビリだったんです。そこで一念奮起ということもなく、やる気ないから遅刻や欠席も増えて。たぶん高校3年間のうち3分の2くらいは遅刻してました。そんな状況ですから大学進学は無理だろうなと、早々に諦めてましたね。

片山　かなり早い段階での決断だったのですね。

大根　とはいえいきなり就職するのも怖くて、映像系の専門学校を選んだんです。テレ

ている。当時のヒッピー文化と相まって、社会にも大きな影響を与えた。

※14　『タクシードライバー』　1976年日本公開のアメリカ映画。監督マーティン・スコセッシ。脚本はポール・シュレイダー。アメリカン・ニューシネマの代表的な作品のひとつとされている。

※15　日活ロマンポルノ　1971年から1988年にかけて日活（現にっかつ）で製作された成人映画の総称。短い撮影期間、低予算の量産体制で製作されていたが、のちに名作といわれる多くの作品を生み出している。

ビ業界や映像系は、時間にルーズなイメージがあったので、自分でもなんとかやっていけるんじゃないかと甘いことを考えつつ。

片山 ルーズどころか、実際はかなり厳しいでしょう？

大根 そうなんですよ、朝は早いし。ましてや映画監督になったら、自分がいなければ何も始まらないので、遅刻なんか絶対に許されません。仕事を始めたら遅刻グセも治りました（笑）。

片山 高校生の頃から、アルバイトはされていたんですよね？

大根 そうですね、高校1年生の時に、家の近所の中華料理店の厨房でバイトを始めて、最初は皿洗いをしてました。2年生の時にアルバイトチーフになって、簡単な調理も見ながら覚えて。店長に「素質があるから、このままウチに就職するか？」なんて声を掛けてもらったこともあったんですけど……。

片山 えっ。料理の道に進む可能性もあったんですか？

大根 そう言ってもらったのはありがたかったんですが、料理人というのは、自分ではちょっと違うかなと。厨房ってお客さんとの接触も全然ないですし、違う仕事にも目を向けようと思って新しく始めたのが、花屋さんのバイトでした。

片山 いきなり花屋さん。それはどういうきっかけで？

大根 やはり家の近所なんですけど、たまたまアルバイト募集のチラシを見たんですよ。なんとなくですね。強いていうなら、接客にちょっと興味があったのと……モテるとでも思ったのかな（笑）。

片山　花を買いにきた女性と恋におちて……とか。
大根　そういうラブストーリーも期待しましたが、ありませんでした（笑）。花屋さんでのバイトはもう高校を卒業して、専門学校に入ってからですね。仕込みがかなり、大変なんですよ。朝はめちゃくちゃ早いし、葉っぱを取ったり水揚げしたりという地道な裏方作業が中心で、接客は結局ほとんど別の人が担当していました。でもそのうちに花束を任されるようになって、店長にも気に入られて、市場での仕入れを任されもするようになるんですけど。
片山　多才ですね、大根さん。料理以外に、花屋さんの才能まで。
大根　アルバイトに関しては才能を発揮できたみたいです。あとはサッカー部で学んだヤンキーの先輩たちとの付き合い方や、中華料理店の厨房での経験が生きたのかもしれません（笑）。
片山　そういえば何かのインタビューで、花屋の経験が映画製作にも生きているとおっしゃっていたような。
大根　そんなこと言ってました？　でもそうですね、素材をどう組み合わせるかという感覚は養われたかな。「予算3000円で、お任せで」と花束をオーダーされた時、「どんな人に贈るんですか？」とか、「どういうシチュエーションで渡すんですか？」とインタビューして、イメージをつくっていくのが面白くて。
片山　なるほどー。共通する部分があるんですね。
大根　一時期は、本気で花屋になろうと考えていたんです。映像よりも面白いし向いてるんじゃないかと真剣に考えました。ところがある時、その花屋に、青山の花屋で働いていたという1コ上のモテギさんという女性が入ってきたんです。そのモテギさんのつくる花束がものすごくかっこよくて、「これが都会のセンスか！」「全然違う！」って驚いて。これはかなわないなと思って、花屋の道は断念しました。

片山　わりと諦める決断が早いほうですよね？　でもいまとなっては、モテギさんが現れてくれて良かったですけど。

大根　ほんとにすごかったんですよ、彼女のつくる花束。いま何してるんだろう。

片山　でも専門学校も授業とか課題とか、忙しかったんじゃないですか？

大根　授業は真面目に出席していたんですけど、ろくに友だちいなかったんですよね。専門学校に通った2年間、ほんと、同級生と会話したのは数えるくらいです。

片山　それはすごく意外です。

大根　バイト先では明るく元気だったんですよ。まあ、18、19歳の頃ですから、なにかと自意識過剰だったんでしょう。

卒業制作が目に留まり、堤幸彦・秋元康のもとへ

片山　しかしそんな多感な専門学校時代につくられた卒業制作が、大根さんの進路を決定づけるわけですよね。

大根　そうなりますかね。堤幸彦[※16]さんが学校にいらした時に、僕の卒業制作を見て気に

入ってくれて、「就職も決まってないなら、ニューヨークに遊びに来れば」と声を掛けてくれたんです。堤さんは当時、秋元康[※17]さんとSOLD OUTという会社をつくっていたんですが、一時的に活動を緩めて、ニューヨークに住んでいたんですね。僕はその言葉を真に受けて本当に遊びに行って、3か月くらい、居候させてもらいました。

片山 仕事を手伝ったり、秋元さんと3人で遊んだりしたんですか？

大根 いや、僕だけほうっておかれました。合鍵だけ渡されて、「何をしててもいいよ」って。そう言われてもお金もないので、ニューヨーク、マンハッタンを朝から晩まで、ひたすらうろうろ散歩しているような日々でしたね。でもそれがすごく楽しかったんですよ。

片山 1989年ですよね。1ドルが200円くらいの頃。僕も初めてニューヨークに行ったの、そのくらいの時期でした。いちばん危ない時期ではないけれど、まだちょっと、怖い街じゃありませんでした？

大根 そうですね、音楽カルチャーでいうとヒップホップが出てきたくらいです。人種差別もいまよりずっとひどくて、黒人対コリアンの暴動もあったので、「アジア人がひとりで歩いていたら危ない」と忠告を受けたこともありました。ただ自分としては、初めての海外で、何を見ても面白くて、あんまり危険っていうことは感じなかったです。

片山 そうして3か月くらい、ニューヨークでモラトリアムな時間を満喫されていたと。3か月という期間に何か意味はあったんですか。

大根 3か月目にして、バイトでためていた、なけなしの貯蓄が尽きたんです（笑）。

※16 堤幸彦（つつみ・ゆきひこ） 1955年三重県生まれ。演出家、映画監督。1988年オムニバス作品『バカヤロー！ 私、怒ってます』の第4話「英語がなんだ」で劇場映画デビュー。『金田一少年の事件簿』（堂本剛版）、『ケイゾク』『池袋ウエストゲートパーク』『TRICK』などヒット作多数。オフィスクレッシェンド取締役。

※17 秋元康（あきもと・やすし） 1958年東京都生まれ。作詞家、AKB48総合プロデューサー。1980年代以降、作詞家として活躍し、美空ひばり、とんねるず、おニャン子クラブらのヒット曲を手がけるほか、AKBグループや乃木坂46、欅坂46の総合プロデューサーとして、ほぼ全ての楽曲を作詞し、番組の企画構成やドラマの脚本などにも携わる。2013年には、作詞したシングル作品の総売上が6859万枚を超え、その記録が歴代1位に。

そこで「お金がなくなっちゃったので、帰ります」と言ったら、堤さんがまた「じゃあ、うちの会社に入れば？」って声を掛けてくれて、そのままSOLD OUTの社員になったんですよ。それで日本に戻ってきて、東京でAD生活が始まります。

片山　1年間はほぼ休みなく、事務所に泊まり込みだったとか。

大根　いま思うと、かなりハードでしたね。でも映像制作の現場がとにかく楽しくて、あまり大変とは感じていませんでした。PV制作が中心だったので、撮った映像がすぐに作品になる。そのスピード感も良かったですし。

片山　そうして実務作業を本格的に始められて、徐々に自分のつくりたい作品のイメージが固まっていったのでしょうか。

大根　いやー、そういうことは考える余裕なかったですね。指示されたとおりに、ひたすら作品をつくり続ける日々でした。

片山　いわゆるバブルの真っ最中ですよね？

大根　確かに景気は良かったです。でもバブル世代といわれるけれど、そんなに恩恵にはあずかってないですよ。実際に仕事でおいしい思いをしていたのは、もう少し上の世代じゃないですかね。おかげでタダ飯はたくさん食わせてもらってましたけど。

片山　意外とそうなんですよね。我々はどちらかというと、こき使われた世代というか。ただバブルに関しては僕も考えていることがあって。これから2020年の東京オリンピックがあるじゃないですか。バブルとバブル崩壊を味わった身としては、景気が良くなったあとのことも考えておかなきゃなって思いますね。

大根　えっ、片山さん、そんな先のことまで考えてるんですか。すごいですね。

片山　案外、すぐにやってくる気がするんですよ。

大根　確かに、あと5年ですもんね。

片山　まあそれは余談ですけれども。話を戻すと、20代の大根さんはひたすら映像制作の日々だったんですよね。PV以外に、確かカラオケの映像も手がけていませんでしたか？

大根　そうそう、それはこっそり内職でした（笑）。でもものすごいたくさんやりましたよ、カラオケ映像。20歳で専門学校を卒業して、ほんとひたすら働いていたので、20代中盤からはわりと稼げるようにもなったんですよ。でもだんだん、「なんかオレ、言われたことをこなしているだけだな」「自分が面白いと思うものを、つくれていないな」と思うようにもなっていって。

片山　楽しいだけではなくなってきたんですね。

大根　映像作品は「つくりたい！」という初期衝動がそのまま形に結びつきにくいと思うんです。小説や漫画なら、衝動のままに書き出せるんですけど。映像の場合は人を集めないと撮れません。当然資金が必要なので、基本的に「こういうものをつくって」と依頼されてからのスタートになります。20代後半から30代前半までは、順調ではあったんですが、迷いも結構、ありました。

『演技者。』『劇団演技者。』で自分のスタイルを確立

片山　ということは、30代前半で、何か転機が訪れたんですか。

大根　31歳の時、初めて「フジロックフェスティバル」[※18]に行ったんです。１９９９年だから、会場が新潟県の苗場になったばかりの年ですね。まわりで話題になっていたし、暇だから行ってみようと思ってなんとなく行ったんですけど、そこですごい衝撃を受けたんですよ。「なんて幸せな空間なんだろう、すげえな！」って。

片山　どういうところに、いちばん驚かれたんですか。

大根　普通のコンサートとかライブハウスだと、ステージがあって客席があって、観客は「見せていただく」立場になっちゃうんですよね。フジロックの何がすごいかって、運営側も出演者も観客も、みんな対等なんですよ。たぶん全員が「オレたちがいちばん楽しい！」って思ってる。そこでガツンと衝撃を受けて、「こんなふうに思える仕事をしたい」と考えるようになりました。

片山　深夜番組を手がけられるようになったのもこの頃ですか。

大根　そうですね。ちょうど会社もＳＯＬＤ ＯＵＴから、いまのオフィスクレッシェンドに移って、深夜番組の制作を担当し始めた頃でした。そのあたりから、自分のやりたいことが少しずつ具体的に見えてきた気がします。

片山　確実に手応えを感じられた作品というのは具体的にありますか。「自分が撮りた

※18　「フジロックフェスティバル（FUJI ROCK FESTIVAL）」　通称フジロック。日本のロックフェスの先駆けであり、２００組以上のミュージシャンが参加する国内最大規模の野外音楽イベント。１９９７年に山梨県富士天神山スキー場で初開催。１９９９年より新潟県湯沢町の苗場スキー場に会場を移し、毎年7月下旬から8月上旬にかけて開催されている。

かったのはこういう作品だ」と気付いたきっかけというか。

大根　2002年から2006年まで、『演技者。』[※19]っていう、ジャニーズ事務所のタレントさんと劇団の俳優さんを起用して、演劇の手法を取り入れた深夜ドラマ枠の総合演出を担当したんです。途中で『劇団演技者。』に名称が変わりますが、基本は30分、4話構成の短い連続ドラマ。いわば小劇場のマイナーな概念と、ジャニーズという大メジャーを掛け合わせるという、ちょっと実験的な試みで始めたんですけど。これを3、4本くらい撮った時に「あ、これだ、オレがやりたいのは」って腑に落ちた瞬間がありました。

片山　自分の撮影の方法論を発見した、という感覚でしょうか？

大根　そんな偉そうなモノではないんですけど（笑）、ドラマっていくつか撮影のパターンがあるんです。なかでもいちばん効率がいいとされていて、多くの現場で採用されているオーソドックスな方法は、監督がまずカット割りをつくり、それに合わせて撮影していくやり方なんですよ。

片山　映像としてのシナリオがあるわけですよね。シナリオどおりの場面を役者さんが演じて、それをカメラマンが撮影していくという。つまり完成図が、先にある。

大根　そうですね、映画もドラマも、CMやPV撮影でもだいたいそういう方法で撮っていました。でもライブビデオ制作では、あえて細かいカット割りはつくらず、カメラマンにざっくりとしたリクエストだけ伝え、その人のセンスに任せて撮影してもらってたんです。その素材を、僕があとから編集していく。『演技者。』は、その方法をドラマ

※19『演技者。』　2002年4月9日から2004年3月17日まで、フジテレビ系列にて月曜深夜に放映されたドラマシリーズ。ジャニーズ事務所に所属するメンバーと、おもに舞台や小劇場で活躍している劇団が出演する実験的な作品となった。全17作品を放送後、後継番組『劇団演技者。』（2004年4月14日から2006年9月20日。毎週火曜日深夜に放送）へと改変。

にも応用した最初の作品でした。

片山　ずっとカメラを回しっ放しにしておいて、あとから必要な要素を抜き出して再構成する……というイメージでしょうか？

大根　そうです、「長回し」と呼んでいますけど。短くシーンごとに区切って撮影するのではないから、役者も演技が途切れずにグルーヴ感が生まれる、といった良い効果もあります。

片山　おおまかな完成図があるとはいえ、予期せぬ要素が入ってきますよね。

大根　最初はカメラマンに「カット割りなしなんて無理です」って言われたんですよ。でも「絶対にできるから」と説得してやってもらったら、カメラマンも途中からすごく生き生きして、カット割りでは撮れない映像がたくさん撮れました。

片山　きっと役者さんの演技力も必要ですよね？　ジャニーズのみなさんって、吸収力がすごいってよく聞きますけど。

大根　すごいですよ。小学生の頃から舞台に立っている人たちの力っていうのか、歌舞伎役者みたいなところがありますよね。１６０分くらいの映像を2日で撮らなきゃ間に合わなくて、リハーサル室で芝居の稽古をつけるようなこともやってましたけど、みなさん飲み込みがすごく早かったです。ジャニーズ事務所も自由にやらせてくれましたし。

片山　ここから大根さんは、ドラマのお仕事が増えていくんですよね。

大根　えんえんと10年くらい続く、深夜ドラマ時代の入り口でした（笑）。自分としては、映画でもない、普通のドラマでもない、独特のものをつくってるなって自覚できたのがこの『演技者。』シリーズでしたね。

片山　評価としてはいかがでしたか。

大根　自分では「とんでもないモノをつくってしまった、これはさぞや話題になるだろう」という自信があったんですけど、一切なかったです（笑）。一部ジャニーズファンのみなさんが話題にしてくれたくらいかな。でも『劇団演技者。』をやったおかげで、演劇の分野の若い才能にも出会えた。これはすごい収穫でしたね。戯曲を選ぶために下北沢の小劇場に足繁く通ったんですよ。その中で、見た瞬間に「こいつすごいな」って思ったのが、劇団ポツドール主宰の三浦大輔くん[※20]。

片山　『劇団演技者。』の中の『激情』という作品で、最初にタッグを組まれています。

大根　『劇団演技者。』は戯曲をドラマ化するコンセプトでやっていました。『激情』も原作・脚本は三浦くんです。北海道の田舎の若者のエロとカネと裏切りと……グダグダの日常なんですけど、かなりヘビーな設定なんですよ。元いじめられっ子が事故にあって輸血した、その提供者が被差別部落出身で……とか。三浦くんが北海道の苫小牧出身ということもあって、「『北の国から』をもっとしんどくしたような作品にしよう」と意気投合してつくりました。

片山　ここでも『北の国から』の影響があるんですね。

大根　これはやりきった感がありましたね。僕の嫁さんなんか、いまだに「あんたの作品の中でいちばん好きなのは『激情』だ」って言いますもん。権利関係の都合もあって『劇団演技者。』はDVDになっていないんですけど、『激情』は僕の名が売れたら、い

※20　三浦大輔（みうら・だいすけ）1975年北海道生まれ。脚本家、演出家、映画監督、劇団「ポツドール」主宰者。1996年早稲田大学演劇倶楽部を母体にして演劇ユニット「ポツドール」を結成。

ずれ未収録作品集みたいな形で劇場で公開したいですね。激情だけに劇場で……。

片山　『演技者。』『劇団演技者。』は、総合演出を担当されていますが、全作品の演出を担当されているわけではないんですよね？

大根　いろんな監督さん、演出家の方にお願いしていました。とはいっても自分も年間6本は撮っていましたよ。1作品あたりが30分×4話構成ですから、毎回、2時間の映画を撮っているような気持ちでやっていましたね。

片山　『劇団演技者。』を2006年まで担当されて、翌年には『去年ルノアールで』[※21]の演出を担当されます。

大根　そう、いまを時めく、星野源[※22]ちゃんが主演です。マガジンハウスの『relax』っていう雑誌の巻末に連載されていたエッセイがすごく面白かったので、作者のせきしろさんに「ドラマでやらせてほしい」と連絡しました。エッセイのドラマ化っていうのも当時はなかったと思うんですけど、テレ東の深夜枠ならやらせてくれそうだと思って、企画書を書いて持っていって、SAKEROCKを始めたばかりの、売れかけてきた源ちゃんを起用した、という流れです。

片山　ナンセンスギャグというか。すごい深夜の時間帯なのに、かなり話題になりましたよね。

大根　深夜も深夜、日曜の夜、というか、月曜の午前3時ですからね（笑）。その源ちゃんがいまや、ねえ。でもね、オレはものをつくる才能はないですけど、人の才能を発掘する才能には自信があるんですよ。

※21　『去年ルノアールで』2007年7月15日から2007年9月30日まで、毎週日曜深夜に広報番組『Eネ！』枠内で、ショートドラマとして放映された。原作はせきしろによるマガジンハウス刊のエッセイ『去年ルノアールで』。

©2007 せきしろ・マガジンハウス／「去年ルノアールで」パートナーズ

※22　星野源（ほしの・げん）1981年埼玉県生ま

片山　ブレイクする人がわかるんですね。

大根　それと、その才能と才能をどう組み合わせたら面白くなるかを考えるのも得意なんです。自分の能力も客観的に見ているので、「この素材なら、演出は自分が適任かな」と第三者のようにキャスティングしてますね。

片山　『湯けむりスナイパー』[※23]もこの時期ですか。

大根　40歳になった時、ふと、自分もいいオッサンだし、そろそろオヤジが主人公の作品を撮りたいなと思ったんですね。元殺し屋が温泉宿で働くっていうストーリーで、もともと原作漫画の大ファンだったんです。

片山　２００９年の作品ですが、ノリが70年代っぽいというか。なんともいえない余韻があるんですよね。

大根　いまでも「見てました」って言ってもらえることの多いドラマです。もう深夜枠でもおっぱい出せないんですけど、この頃はぎりぎり大丈夫だったので、わりとポロッと。昔のVシネマへのオマージュという側面も意識しました。

片山　このあたりから、いわゆるメジャーなヒット作が出てきますよね。

大根　この頃の仕事ってどれも、自分ではかなり手応えがありました。やりたいことと、自分のテクニックが一致していた時期というか。ゆらゆら帝国のライブビデオ[※24]は、いまだに自分の全仕事中で最高の出来だと思っていますし。

片山　２００９年4月29日に日比谷野外大音楽堂で開催された、ゆらゆら帝国結成20周年ライブの映像作品ですね。スペースシャワーTVの特別番組『20th Anniversary

れ。アーティスト。２０００年に自身が中心となりインストゥルメンタルバンド「ＳＡＫＥＲＯＣＫ」を結成（２０１５年に解散）。２００３年に舞台『ニンゲン御破算』への参加をきっかけに大人計画事務所所属。２０１０年、シンガーソングライターとしてシングル『ばかのうた』を発表。以降ミュージシャン、俳優、文筆家と様々な分野で活躍している。

※23　『湯けむりスナイパー』２００９年4月3日から6月26日まで、テレビ東京系「ドラマ24」枠にて放映。原作：ひじかた憂峰、作画：松森正による同名漫画が原作。

『湯けむりスナイパーＤＶＤ-ＢＯＸ（５枚組）』ＤＶＤ発売中　￥１５２００+税発売元：『湯けむりスナイパー』製作委員会　販売元：東宝

〝LIVE2009〟in YAON』として放映されました。

大根　解散前のゆらゆら帝国は、日本のロック・バンド史の中でも最高レベルのテンションと楽曲だったと思うんです。ずっと1ファンとしてライブを見ていたんですけど、たまたま居酒屋でゆらゆらのプロデューサーと会った時に、「野音のディレクターが決まっていない」と聞いたので、即、立候補してその場で決まりました。

片山　見たい人は、ゆらゆら帝国のアルバム『YURA YURA TEIKOKU LIVE 2005-2009』にもディレクターズ・カット版が収録されているから、チェックしてみてください。

大根　ちなみにカメラマンには、「野音に跳んでいる虫の気持ちで撮ってくれ」とオーダーしました。ほんとこれ、好きなんですよ。もちろん、ゆらゆらのテンションがすごかったから、っていうのが前提ですけど。

片山　お話を伺っていると、自分が好きでしょうがないものしかできないという感じがします。

大根　いまはそうですね。20代の頃はそうも言っていられなくて、ひたすら目の前の仕事をして。先ほどもお話ししたように、32歳くらいから少しずつ、やりたい方向性がわかってきました。それからは、なんとかして好きなことをずっとやれるようにしようと思いながら、走ってきた感じがします。

※24　ゆらゆら帝国（ゆらゆらていこく）1989年に結成、インディーズレーベルで活動したのち、1998年にアルバム『3×3×3』でメジャーデビュー。2009年に結成20周年ライブを日比谷野外音楽堂にて開催。2010年3月31日にホームページ上で解散を表明。

世間的な評価が上がらないのは「ニッチすぎる」から?

大根 ほかにも松尾スズキ[※25]さんと一緒にやったバラエティ番組『美しい男性!』[※26]とか、わりと自分では面白いことやれてる実感があって、充実してたんですけど。でも世間的な評価としてはまだいまいちなんですよ。ぶっちゃけていうと、年収に反映しない。そこで世間的な評価が上がらない理由を真剣に分析したのもこの頃でした。

片山 どういう結論に至ったのでしょうか。

大根 ニッチすぎる、と(笑)。そもそも観客が少ないところで勝負していたんだと気付いたんです、ここでやっと。それはそれで自分の好みだし、好きと言ってくれる人もいるからいいんです。でもビジネスのキャリアとしてもう少しステップアップするには、どうしたらいいか。そんなことを考えていた時に、ちょうど話をもらったのが、『モテキ』[※27]のドラマでした。

片山 原作者の久保ミツロウ[※28]さんと、直接メールのやりとりをされていたと聞きました。それはいったいどういうきっかけで?

大根 『モテキ』の雑誌連載が始まってしばらくして、たぶん4話か5話くらいの頃かな、自分のブログで「いま面白いマンガ」として『モテキ』を紹介したんですよ。そしたら久保さんから直接メールが来たんです。当時はブログにメールアドレスを公開していたので。その時に「映像化の話が来たら、ぜひ監督指名してください」って言っておいた

※25 松尾スズキ(まつお・すずき) 1962年生まれ。福岡県北九州市出身。俳優、演出家、脚本家、映画監督、コラムニスト。劇団『大人計画』主宰。

※26 『美しい男性!』正式名称『松尾スズキpresents美しい男性!』2009年1月10日から3月28日までBSジャパンで金曜日深夜に放送された、「本当に美しい男性とは何か」を追求するバラエティ番組。

ら、本当に1か月くらいあとに指名してくれたんですよね。

片山　ただこちらは、当初トラブルもあったとか？

大根　そうなんです。撮影開始の2か月くらい前になって、最初に話を持ってきた広告代理店が「予定していた番組枠が押さえられませんでした、すみません」と言って、無責任に逃げちゃったんです。もうスタッフも集めて、準備も進めている段階なのに。

片山　ひどい話ですね……。

大根　白紙には戻せないし戻したくない。そこで「なんとかやらせてもらえませんか」っていろいろなところに企画を持ち込んだら、テレ東の岡部紳二ドラマ制作部長が「うちでやりなよ。予算は少ないけど」と言ってくれて。テレ東はいわば自分のホームグラウンドですし、予算がない中でどうつくるかは、ずっとやってきたことです。そんな経緯があってかえって燃えたので、まあ、結果オーライでした。

片山　もうひとつ意外なエピソードがあって、この時まで、女優さんを撮るのが苦手だったと伺いました。

大根　そうなんですよー。『モテキ』は恋愛メインのストーリーで、女優を綺麗に撮らなきゃ話になりません。そこでなんとかしようとアタマをひねってヒントにしたのが、これまでさんざんお世話になってきたAVの手法、ハメ撮りなわけです。つまり監督自らが女優を撮る。

片山　なるほど（笑）。

大根　それまでも、新しい作品を撮る時には、何かひとつは新しい手法を取り入れよう

※27　『モテキ』　雑誌『イブニング』にて2008年23号から2010年9号まで連載された、久保ミツロウによる漫画。ドラマ版は2010年7月16日から10月1日までテレビ東京「ドラマ24」枠で放送。ドラマ版、劇場版（2011年公開）共に、脚本・演出を大根仁が手がけた。

『モテキ　DVD通常版』
DVD発売中　¥3800＋税　発売元：テレビ東京・電通　販売元：東宝

※28　久保ミツロウ（くぼ・みつろう）　1975年長崎県生まれ。漫画家。2008年より連載していた『モテキ』が、2010年にテレビドラマ化。2011年の映画化の際は完全オリジナルストーリーを書き下ろした。その他、トークイベント、テレ

とやってきました。あとは街中でもゲリラ的に撮りたかったので、機材をどんどん減らして、カメラもプロユースではなくパナソニックのルミックスという7万円くらいの一眼レフを3台買って、ムービー機能でドラマを撮りました。

片山　誰でも普通に買えるカメラですよね。

大根　レンズはかなりいいのを使ってますけど。一眼レフでテレビドラマを撮ったのは『モテキ』が初めてだと思います。しかもモニターもなし。役者と、一眼レフを構えたカメラ担当が僕を含めて3人いるだけ。するとどうなるかというと、スタッフが全員、芝居に集中するんです。

片山　『モテキ』はすごい話題になりましたよね。

大根　これは手応えありましたね。自分でいうのもなんですけど、メジャーへの足掛かりになったというか。DVDも売れましたし。1話放映後からいい評判が聞こえてきたんですけど、特に6話の満島ひかり[※29]演じる中柴いつかをフィーチャーした回の放送直後はかなりの盛り上がりと熱量を感じました。ちょっと、6話の後半、いつかちゃんがカラオケボックスで爆発するシーンを見てもらいましょうか。ドラマの『モテキ』を象徴しているシーンだと思うので。

（ドラマ『モテキ』6話の終盤シーンの映像が流れる）

片山　すごくリアルというか……ドラマのストーリーを知らない人でも、この演技のす

ビ、ラジオなどにも出演している。

※29　満島ひかり（みつしま・ひかり）1985年沖縄県生まれ。女優、タレント。沖縄アクターズスクール主催の「安室奈美恵 with SUPER MONKEY'Sオーディション」で優勝。7人組ユニット「Folder」に「HIKARI」名義で参加、1997年にシングル『パラシューター』でデビュー。同年に映画『モスラ2 海底の大決戦』で子役俳優としてもデビュー。2010年主演映画『川の底からこんにちは』でヨコハマ映画祭主演女優賞とエランドール賞新人賞を、映画『悪人』で第34回日本アカデミー賞優秀助演女優賞を受賞。2013年主演を務めた『Woman』でも主演女優賞を多数受賞。実力派としての地位を確立している。

ごさはわかるんじゃないかな。

大根　満島ひかりっていまはかなり売れていますけど、当時はまだブレイク寸前で、ちょっとくすぶっている感じもあったと思うんです。だからこそ、この時の彼女でなければできない、感情の爆発みたいなものが撮れたのは大きかったですね。

片山　神がかってますね。

大根　まさに役者の力ですよね。ドラマの撮り方としては、めちゃくちゃだと思うんです。絵もブレているし、構図もぐちゃぐちゃで。なにしろ大変な現場だったんですよ。狭いカラオケボックスで、モニターもないからちゃんと撮れているかわからない。でもそんなこと関係ないと思えるくらい、スタッフ全員が、「面白いものをつくっている」っていう手応えを感じていたと思います。収録後に、共演してたリリー・フランキーさん、もらい泣きしてましたもん。「これは泣けるよ」って。

「深夜ドラマ番長」から、一躍メジャーな映画監督に

片山　そしてドラマ『モテキ』を見た東宝の川村元気[※30]プロデューサーから、映画化の話が来たんですね。初めての映画作品です。

大根　映画監督という職業を意識してなかったといえばウソになりますし、『演技者。』を撮っている時点で、そこらの映画より面白いものをつくっている自負はあったんですけどね。

※30　川村元気（かわむら・げんき）１９７９年神奈川県生まれ。映画プロデューサー、作家、絵本作家。東宝入社後、26歳で映画『電車男』を企画・プロデュース。以降多数のヒット作を生みつつ、２０１２年に上梓した

片山 でも最初に話が来た時は、お断りしたと聞きましたよ？

大根 漫画原作に書いてある内容は、ぜんぶドラマで出し尽くしてしまったので。でも少し考え直して、原作者の久保さんに「映画やる気ない？」って相談したら、「ちょうど連載が終わって少し時間があるし、原作でやり残したものもあるので、やってみましょう」ということになったんですね。

片山 つまり映画用の、完全新作のストーリーをつくったんですね。

大根 僕が編集者みたいな立場で、久保さんに連載ものみたいに1週間に10ページくらいずつ、漫画のネームを書いてもらいました。それを僕が文章化してシナリオにしていくやり方です。

片山 川村元気さんにも以前、「instigator」に来ていただきました。『モテキ』ではスタッフみんなで恋愛エピソードを出し合った、というお話もあったんですよ。

大根 そんなこともありましたね（笑）。脚本制作の大詰めが、2011年の3月。5月には撮影に入ることが決まっていたのに、ラストがどうしても決まらなくて。3・11の震災当日は、主人公の幸世の部屋に置いてあるテンガ[※31]を、どの種類にしようか選んでいる時でした。こう、テーブルにずらっと、各種テンガを並べていて。

片山 なるほど。そういう細部も重要なんですね。

大根 そして地震が起こり、僕らが直後にしたのは、部屋中に転がっていくテンガを拾うことだったんですが。そのあとニュースで状況を知った時は、「もうこの企画は飛ぶだろうな」と思いました。でもプロデューサーに、「時期が来れば、エンターテインメ

初小説『世界から猫が消えたなら』が80万部を超えるベストセラーに。instigator #009 ゲスト（『片山正通教授の「遊ぶ」ように「仕事」をしよう』収録）。

※31 テンガ（TENGA）株式会社典雅が販売するオナホールブランド。用途別に様々なデザインがある。

ントが求められるようになる」と言われたんです。「ではこういう時期にみんなが観たくなるようなエンターテインメントって、どんなものだろう」と考えた結果、ラストシーンが決まりました。

片山　2011年9月公開。興行収入22億円の大ヒット作品となりました。これまで深夜ドラマ番長と称されていた大根さんも、一躍メジャーな映画監督となるわけですが、この映画は、大根さんがこれまで培ってこられた、いろいろな要素が結実した感じがあります。

大根　好きなものを詰め込んでいる感はありますね。42歳の時なので、映画監督デビューとしてはかなり遅いほうなんですけれども。でも面白いのが、1本が当たると、いろいろな企画を持ちかけられるんですよ。ドラマの『モテキ』の放映枠を探していた時は、テレ東以外は全然振り向いてくれなかったのに（笑）。

片山　映画第2作目は、『激情』の三浦大輔さんが原作・脚本の『恋の渦』[※32]。2013年公開ですが、こちらもユニークな軌跡を辿ったんですよね。最初は山本政志監督[※33]がプロデュースする実践映画塾「シネマ☆インパクト」での限定上映としてスタート。評判が評判を呼び、7月には渋谷シネクイントで単独公開。その後も大きな反響が続き、8月末から順次、全国へ拡大ロードショーされました。

大根　いま紹介いただいた「シネマ☆インパクト」は、若手の俳優を集めて、ワークショップのような形で芝居の勉強をしながら短編映画をつくる塾なんです。そこで短編映画の制作を依頼されたのですが、30分くらいの短編というのは深夜ドラマでやり尽くしたの

※32　『恋の渦』2013年公開の日本映画。監督：大根仁。劇団ポツドールの演劇作品を原作とし、山本政志監督率いる映画塾「シネマ☆インパクト」内で制作された。当初3月30日から4月19日までの「シネマ☆インパクト」限定上映の予定だったが、連日満席で追加上映が決定。同年7月6日より渋谷シネクイントで単独公開。さらに同年8月31日からは全国順次拡大ロードショーとなった。

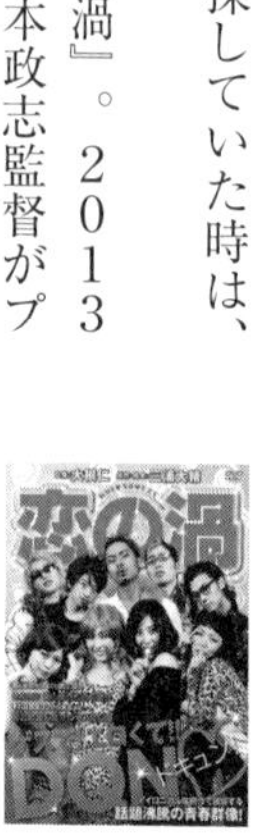

『恋の渦』DVD&Blu-ray発売中　DVD：2800円（税抜）／Blu-ray：4700円（税抜）発売元：アスミック・エース©2013シネマ☆インパクト

※33　山本政志（やまもと・まさし）1956年大分県生まれ。映画監督。大学中

で、「映画と名のつくものなら2時間くらいの長編をやりたい」と申し出たんですね。撮影期間は4日くらいしかないし、役者もほぼ素人。それで2時間の長編は難しいだろう、と心配されたんですが、実際に『演技者。』ではそれをやってきたので。「シチュエーションが少なくて、役者に芝居さえつければできる」と言って、撮影に入りました。

片山 4つの部屋で起きる群像劇で。演技が生々しいんですよね。

大根 ゲスな『テラスハウス』※34、実写版『テラスハウス』って呼んでました（笑）。30人に脚本を渡してテストして、そのうち8人を起用したんですよ。撮影期間は4日間、予算10万円。空き家をタダ同然で借りて、自分が長年集めているグラビアの切り抜きや、スタッフの私物で埋めて。装飾と呼ばれる美術部も、照明もなし。

片山 わざとそういう演出にしているのかと思いました。

大根 照明だって装飾だって、あったほうがいいんですよ。お金かけたほうがそりゃいろいろできることが増えます。でも、ないものは仕方ない。そういう低予算のテクニックは、深夜ドラマで長年やってきたからこそですよね。カネもないスケジュールもない、そこでどう撮るかのアイディア出しは得意なほうだと思います。ただ『恋の渦』に関しては、役者たちに徹底して芝居をつけることで、ある程度のラインを突破できました。

片山 それにしても予算10万円ってびっくりです。

大根 女の子の衣装は自腹を切って、新宿東口のルミネに買いに行きました。といってもそんなに使ってないです。登場する女の子がギャルショップの店員という設定だったので、何件かめぼしい店に行って、店員さんに「お姉さんが着ている服を上から下まで

退後、主に自主制作映画の世界で活躍を続ける。2011年より、限られた時間の中で受講生と作品をつくる実践型の映画塾「シネマ☆インパクト」主宰。

※34 『テラスハウス』（TERRACE HOUSE BOYS × GIRLS NEXT DOOR）2012年10月12日から2014年9月29日までフジテレビ系列で放送されたバラエティ番組。台本はなく、ひとつ屋根の下で、様々な職業・立場の6名の男女が暮らすシェアハウスのリアルな様子を追求した。

一式ください!」「7800円です」「安!」みたいな（笑）。

片山　それが大ヒット映画『モテキ』の次の作品っていうのがすごいですよね。そういったワークショップは、よく実施されるんですか?

大根　全然やらないです。人前でこうして話すこともほとんどありません。山本さんの話に乗ったのは、「映画にする」という方針がはっきりしていたからですね。映像って、最初にも言ったように口頭で教えられることはないですし、芝居にも、正解はありません。やってみて、正解かどうかを決めるのは、観客ですからね。

音楽優先でつくられた、『バクマン。』裏話

片山　映画監督作品3作目が『バクマン。』[※35]です。再び、川村元気さんとのコンビですが、こちらも最初はお断りになられたと。

大根　そうですね。『モテキ』のあとに話を振られて。原作付きの映像化は得意だっていう自負はあったんですけど、『バクマン。』の原作は全20巻と長いですし、内容としても、『少年ジャンプ』の中で『少年ジャンプ』の話をする、というメタ構造を抜きにしてはつくれないと思ったんです。映像にするとそのいちばんのチャームポイントが崩れてしまうので、映像化には向かない作品だと思っていました。

片山　では、考え直した理由というのは?

大根　何度か原作を読み返すうちに、「マンガ家を主人公にした面白い映画って『トキ[※36]

※35　『バクマン。』2015年公開の日本映画。監督・脚本：大根仁。第39回日本アカデミー賞話題賞と最優秀音楽賞を受賞。原作は2008年37・38合併号から2012年21・22合併号まで雑誌『週刊少年ジャンプ』で連載された同名漫画（原作：大場つぐみ、作画：小畑健）。

『バクマン。　DVD 通常版』DVD発売中　¥3800+税　発売元：集英社&アミューズ　販売元：東宝

※36　『トキワ荘の青春』1996年公開の日本映画。監督・市川準。著名漫画家たちが住んでいたことで有名なアパート「トキワ荘」を舞台に、実在する漫画家をモデルに描いた青春映画。

ワ荘の青春』くらいしかないよなあ。オレ、マンガ好きだし、マンガ家ものは、やっておきたいな」って思って。どうしたら映像化で面白くなるか考えて、原作の中のあるエピソードにフォーカスして脚本をつくれば、いけるかなと見えてきたんです。そこで川村くんに「ちょっと脚本を書いてみる」と連絡したのが、2012年の5月くらい。でも最初の脚本ができるまでに、そこから1年くらいはかかりました。

片山 そんなにかかったんですか。

大根 『恋の渦』や『まほろ駅前番外地』[※37]っていう深夜ドラマも同時期だったので、ゆっくり進めていった感じです。

片山 『バクマン。』の主人公ふたりは、キャスティングが逆じゃないか、という論争も起きましたね。これはギャップを狙ったんですか？

大根 佐藤健と神木隆之介ですよね？ ネットが炎上した（笑）。いや、川村くんも最初「逆じゃない？」って言ってましたけど、自分では逆だと思ったことないんですよ。キャスティングは見た目の印象よりも、その役者さんが持っている資質で決めています。これはいままでのどの作品でもそうですね。

片山 どのシーンでも音楽がとても効果的に使われていますよね。主題歌『新宝島』[※38]も劇中の音楽も、サカナクションが担当しています。

大根 脚本を考え始めて早くも煮詰まった2012年6月に、「TAICOCLUB '12」[※39]でサカナクションのライブを見たんです。正直それまでサカナクションのことちょっとナメていたんですよ、言葉悪いけど。もちろんいいバンドだとは思っていたし、CDも買っ

『トキワ荘の青春』DVD ¥3800＋税 発売元：カルチュア・パブリッシャーズ 販売元：バップ

※37 『まほろ駅前番外地』2013年1月11日から3月29日まで、テレビ東京系で放送されたテレビドラマ。原作は三浦しをんによる同名小説。

『まほろ駅前番外地 DVD BOX』DVD 発売中 ¥15200＋税 発売元：『まほろ駅前番外地』製作委員会2013 販売元：東宝

てたんですけど、そこまで特別視してなかった。ところが始まった瞬間にどっかんと音が来て、「サカナクションすげえ！　ナメててごめん！」って思いました（笑）。同時に「『バクマン。』に合うんじゃないか」とも思って、知り合いのスタッフに一郎くんを紹介してもらったんですよね。その時に「ナメてた、ごめん」って謝って、その流れで「『バクマン。』の音楽つくらない？」って依頼しました。

片山　実は今日、山口一郎さんが会場にいらしてます。ここでちょっとだけ、登壇してもらいましょうか。本日の特別シークレットゲスト、サカナクションの山口一郎さんです。

（山口一郎さん、会場内より登壇）

山口　どうも、こんばんは。

片山　その当時の生々しいやりとりを教えてもらいたいですね。

山口　初めて大根監督と会った時、かなり、酔っ払っていたんですよ。だから話した内容はあんまり覚えていないんです、すみません。ただ大根監督のことは、さっきもお話に出ていましたが、「ゆらゆら帝国のライブビデオを撮った方」という印象が強くて。どんな方なのかずっと気になっていました。

大根　本人は覚えてなくても、オレの中では決定事項になっていたからね。その後、企画を詰めていく段階で正式にオファーしました。

片山　結果、日本アカデミー賞、最優秀音楽賞受賞ですよね。

※38　『新宝島』２０１５年９月30日にリリースされた、サカナクション通算11枚目のシングル。映画『バクマン。』の主題歌。

※39　「TAICOCLUB」２００６年より長野県木曽郡木祖村のこだまの森にて、毎年６月上旬頃に２日間にわたって開催される野外音楽フェスティバル。

山口 はい、今日、賞状も持ってきたんですよ、これ。トロフィー[※40]も（会場に向けて賞状とトロフィーを掲げる。会場から拍手）。

大根 あれだけすごい音楽を苦労してつくったんだから、獲って当たり前だと思ってますけどね。

山口 いやほんと大変でした。僕らのバンドには音楽プロデューサーっていないので、自分たちの音楽に対して外部の人に意見をもらう機会ってないんですよ。でも『バクマン。』の時は、大根監督にできたものを送って、ダメ出しが来てやり直して……ってやり取りを何度も繰り返したので、プロデューサーがいるバンドってこんな感じなのかな、と思いながらやってました。

大根 映画音楽って、芝居の邪魔をしちゃいけないんです。空気にならないといけない。それはやっぱりバンドの音楽とは全く違うものなんですよね。

山口 最初から「アカデミー賞を狙っていこう！」って話があったので、色気を出して、民族音楽っぽい音を入れたりいろいろ小細工をしたんですよ。そのあたりはぜんぶ監督に却下されました。

大根 あったね（笑）。もう少し音を減らしてほしいとか、逆にここは際立たせてほしいとか、かなりリクエストしました。

山口 いちばん困ったのが、映像よりも音楽が先だったことです。キャスティングは聞いていたけれど、どんなシーンなのか、テンションもよくわからない。とりあえず自分の持っているものを出してみる、というやり方でした。

※40

大根 通常の映画音楽は、映像の編集が終わった最後の段階で、映像に合う音楽をつくって当てはめていくんです。でも今回は脚本ができた時点ですぐに渡して、これを読んでイメージできた音をちょうだい！ というふうに撮影と同時進行だったんですよね。特に、なんといっても大変だったのが主題歌。僕の映画はエンディングが命だと思っているんですけど、そこに流れる主題歌がいつまでたっても上がってこない。

山口 ええっと、最初の締切から、半年くらい、遅れましたね……。

大根 忘れもしない2012年12月9日。お金のかかる豪華なスタジオを押さえて、スタッフが全員集合して、ここで主題歌が出来上がってなかったら、とんでもなく大変なことになるよ、というギリギリの締切をあっさり破ってくれました。見事に1行も書いていなかった（笑）。さらに年が明けてもいっこうに上がってこず……。

山口 ほんとに難しかったんですよ。映画のストーリーと自分たちのバンドのストーリーがかぶりすぎて、自分たちの想いみたいなものを整理するのに、時間がかかってしまいました。

大根 もっとも音楽を軸にイメージしてできたシーンもあるので、ほんとサカナクションに頼んで良かったなって思うんです。役者への芝居のつけ方も、「こんな曲が流れるから」っていうと、説明しやすかったし。

山口 やっていても楽しかったです。普段は音楽をつくってライブすることしかしてないので、サカナクションとしても新しい表現ができたと思いますし。ちょうどベースの草刈愛美が妊娠出産で1年半くらいライブを休んでいた時期で、タイミングも良かったんですよね。ほんといい機会をありがとうございました。
大根　いえいえ。主題歌はもうちょっと早くあげてほしかったですけど（笑）。
片山　そういえば、『新宝島』の豪華初回限定版「映画『バクマン。』ＢＯＸ」に収められている「新宝島カラオケ映像」も、大根さんが撮ってるんですよね。なんというか、すごく昭和の香りがする、昔のカラオケで流れたような映像で。しかも一郎さんも出演されているという……。
大根　そうなんです、『バクマン。』のセルフパロディみたいなシーンもあります。
山口　大根監督が昔カラオケ映像を撮っていたと聞いて、それいいなと思って。
大根　20代の頃にほんとに死ぬほどカラオケ映像をつくっていましたからね。まんま当時の機材、当時のスタッフを集めてつくりました。
片山　一郎さんの演技はどうでしたか。
大根　もう最低でしたね、最低すぎて最高でした（笑）。セリフはないのに棒読みしてるみたいな演技で、これ以上のものは絶対に出ないと思って、1発撮りでOKでした。
山口　いやー、演技が向いてないの、よくわかりました。
大根　むしろ才能あるよ（笑）。ミュージシャンって演技がうまい人、多いんですよ。歌うって、歌の世界に入っていくことじゃないですか。PVでも芝居みたいなことすること多いでしょう。だから当然できると思ったら、とんでもない芋芝居で。
片山　ライブじゃあんなに堂々としているのにね（笑）。
大根　最近の自分の作品の中でもかなり完成度の高い作品ですよ。隙のなさでいえば、ゆらゆら帝国のライブビデオと同じくらい（笑）。

山口　笑っていただけたら本望です。

片山　いやあ、貴重なお話をありがとうございました。スペシャルゲスト、サカナクションの山口一郎さんでした！

山口　ありがとうございました！

ユーモアがいちばん大事！

片山　だいぶ時間が押してしまいましたね……。質問の時間があまり取れませんが、せっかくなので2、3人、いいでしょうか。

大根　僕は大丈夫ですけど、みんな、電車とか、大丈夫ですか？　時間の厳しい子はムリしないでね。

片山　お気遣いをありがとうございます。……では、質問がある人は挙手してください。はい、最初に手を挙げた、左の列の中央に座っている彼女、どうぞ。

学生A　視覚伝達デザイン学科の3年です。お話ありがとうございました。私が大根監督の作品で最初に見たのは『まほろ駅前番外地』でした。作品の空気感が大好きで、関連するインタビューもいろいろ拝見したんですけど、その中で、「『まほろ駅前番外地』と『バクマン。』は、男性ふたりの主演作品なので、〝ブロマンス〟[※41]の要素を入れようと思った」とおっしゃっていたのが印象に残っているんです。ブロマンスものがお好きな

※41　ブロマンス　男性同士の精神的に親密な友情・関係を表す言葉。

んでしょうか。

大根　自分は女の子が大好きで性的興味は非常にノーマルなんですけど、精神的なホモ性はかなりあるほうだと思ってます。男同士でつるんでいるの好きなんですよ。そういうのが自然とにじみ出ているんじゃないでしょうか。異性に感じるのとは別のドキドキ感がある……というとたまに誤解されるんですけど、性的な興味ではないんですよ（笑）。

学生A　そういう男同士の関係が好きな、いわゆる腐女子みたいな層を、意識的に狙っているわけではないのでしょうか。

大根　狙ってないです（笑）。もともと『まほろ駅前』※42シリーズという三浦しをんさんの原作があって、1作目の『まほろ駅前多田便利軒』はすでに映画化されていたんです。ドラマ化の話が来た時に、映画版と違う視点を取り入れたいと思いながら原作を読んで、そこに精神的なホモ性を感じたので、取り入れてみた感じですね。まあ結論として「オレは男も好き」っていうことでいいでしょうか。

学生A　わかりました（笑）、ありがとうございました。

片山　いいかな？　じゃあ後ろのほうの、ジョン・レノンみたいな髭の男性。

学生B　どうも、映像学科2年のジョン・レノンです（笑）。映画監督を目指しています。僕は大根さんのドラマや映画作品を見ていて、会話にズレが生じるシーンが共通していると思うんです。それは意識的にされているのか、だとしたら演出の意図をお聞きしたいのですが。

大根　ズレ？

※42　『まほろ駅前』シリーズ　三浦しをんによる小説作品。第1作目の『まほろ駅前多田便利軒』は『別冊文藝春秋』に連載され、2006年に単行本として出版。第135回直木三十五賞受賞。続編に『まほろ駅前番外地』『まほろ駅前狂騒曲』がある。『まほろ駅前多田便利軒』は2011年に映画化（監督：大森立嗣／主演：瑛太、松田龍平）。2012年には『まほろ駅前番外地』が同じ主演キャストでドラマ化（監督：大根仁、テレビ東京系、全12話）、2013年に第1作と同じキャストで『まほろ駅前狂騒曲』が映画化されている。

学生B　会話が噛み合っていないというか。
大根　どのシーンだろう。それは意識してはいないかも。
学生B　先ほど見せてもらった、ドラマの『モテキ』の第6話のカラオケボックスのシーンだと、森山未來さんと満島ひかりさんの会話がそうなんですけど。
大根　あ、なんとなくわかった。それは、プロの脚本家じゃない僕が脚本を書いているからかもしれないですね。現実ってそんなにスムーズな会話ばかりじゃないですよね。勘違いもあるし、意図したことが伝わらないことも多い。そもそも、リアルな会話って大したこと言ってない。でも脚本家は、定められた時間内で物語を進めるために、セリフを整理して凝縮させて、違和感なく自然な会話を書ける。でも僕はどちらかというと、ごちゃごちゃしたリアリティみたいなものを重視しています。それは脚本に限らず、小道具や、そのほかの演出に関しても同じですね。
学生B　自分も取り入れたいです。
大根　ちなみに最近ずっと一緒にやってくれている編集は大関泰幸くんといって、あなたと同じく武蔵美の映像学科出身ですよ。ずっとPVやライブビデオのディレクターをメインにやってたんだけど、「絶対に映画に向いてるから」と声を掛けて、初めて映画の編集をやった『バクマン。』でアカデミー賞最優秀編集賞を獲得しました。さっきの一郎くんもそうだけど、スタッフが受賞するってすごく嬉しいんですよね。ぜひ先輩に続いてください。
学生B　がんばります。ありがとうございました。

片山　じゃああとひとりだけ……ではその隣の列の、青いシャツの彼、行きましょう。

学生C　デザイン情報学科3年です。最初のほうで、ブレイクする人がわかるとおっしゃっていました。そういう先見の明というか、ヒットする人の見極め方には、何かコツがあるのでしょうか。

大根　うーん、これは、直感としか言えないものですね。自分に才能があるとしたら、その直感が唯一、天から与えられたものかなっていう気がします。でもそれじゃ参考にならないよね。あえて言うならば、小学校高学年くらいから青春時代にかけてのすべての時間を、女の子と遊ぶこともなく、サブカル的なものに費やしてきた。それも審美眼を磨いた要因かもしれないなとは思います。

学生C　わかりました。僕もそういうタイプなので、がんばろうと思います。

大根　うん（笑）、一緒にがんばろう！

片山　ありがとうございました（笑）。それでは最後に、僕からの質問です。10年後の大根仁さんは、どんなことをしていると思いますか？　あるいは、どうなっていたいでしょうか。

大根　いま48歳で、そろそろ言い訳ができない年齢になってきてるなって思うんです。冒頭で「偉そうだから映画監督って名乗りたくない」って言いましたけど、その自意識ではもう通用しないところに来ている自覚もあります。実際に何本か映画をつくっているし、深夜ドラマをつくっていた頃とは、まわりの目も変わってきている。でもじゃあこの先、映画だけを撮るのかというと、それも違うんですよね。やっぱりテレビも音楽も好きだから、10年後は、できることならマルチでやっていたい。特にテレビは、ゴールデン番組で当てたことがないんですよ。テレビで食ってきたのに、テレビに恩返しができていないのが引っかかっていて。

片山　ではむしろ、テレビ番組で攻めていく可能性が高いということですか。

大根　映画が中心になっていくとは思うんですけど、同時にテレビでも、ほかのメディアでも面白いことができたらいいなと考えています。

片山　とても大根さんらしい未来予想図という気がしました。よかったら最後に、ここにいる学生のみんなにメッセージというか、アドバイスをいただけませんか。18歳から21歳くらいの時期にやっておいたほうがいいことがありましたら、お願いします。

大根　みんなクリエイティブ系を目指しているわけですよね？　だとしたら、自分のやりたいジャンルにとらわれることなく、できるだけたくさんの表現や作品に触れてほしいですね。例えばいま僕は映画を撮っていますけど、映画ばかり見ていたわけじゃない。むしろマンガとか音楽とか演劇とか、これまで触れてきた、あらゆるジャンルの手法をつぎ込んでいます。そういうネタはいくらでもどこにでも落ちているので、自分を制限することなく、いろんなところに行って、いろんな経験をしてください。

片山　学生時代の強みって、時間があることですからね。

大根　そう、時間があるって、何よりの強みだと思います。それからもうひとつ付け加えると、自分で仕事を選んで働き始めたら、グダグダ言わずに突き進むこと。その時にはわからないと思うけど、20代はほんと、体力があって無理が効きます。誤解をおそれずにあえて言うけど、ここで命の前借りをするくらいの気持ちで全力で出し切ることが絶対にあとで生きてくる。逆に20代で真剣にやれなかったら、30代、40代もやれないと、そのくらいの気持ちで気合を入れて仕事に取り組めたらいいんじゃないかな。

片山　クリエイターって「やりたいことを夢中でやっていたら、徹夜していた」という話もよくあるくらいで、仕事を仕事と意識していない人が多いんですよね。大根さんもおっしゃっていたように、休みがなくてハードであっても、それより楽しさが勝っていたというような。それを努力と呼ぶかどうかは、結果論という気がします。

大根　あとは、どんな状況であっても笑い飛ばせるユーモアを忘れないこと。これがいちばん大切かもしれない。うん、ユーモアがいちばん大事です！

片山　なるほど……。みんな、すごくいいアドバイスをもらったね。大根さん、本当に長時間にわたって、たっぷりとお話いただいてありがとうございました。

大根　こんなに自分のことを話したのは初めてです（笑）。こちらこそ、長い時間お付き合いいただいて、どうもありがとうございました！

大根 仁先輩が教えてくれた、「未来」の「仕事」をつくるためのヒント！

□カネもないスケジュールもない、そこでどう撮るかのアイディア出しは得意なほうだと思います。深夜ドラマで長年やってきたからこそですね。

□オレはものをつくる才能はないですけど、人の才能を発掘する才能には自信があるんですよ。その才能と才能をどう組み合わせたら面白くなるかを考えるのも、得意なんです。

□小学校高学年くらいから青春時代にかけてのすべての時間を、女の子と遊ぶこともなく、サブカル的なものに費やしてきた。それも審美眼を磨いた要因かもしれない。

□自分のやりたいジャンルにとらわれることなく、できるだけたくさんの表現や作品に触れてほしいですね。

□自分で仕事を選んで働き始めたら、グダグダ言わずに突き進むこと。20代で真剣にやれなかったら、30代、40代はないというくらいの気持ちで。

□どんな状況も笑い飛ばせるユーモアを忘れない。

Music for **instigator**
Selected by Shinichi Osawa

#015

1	Saint Thomas	Bibio
2	Like a Knife	Pr0files
3	Affection	Cigarettes After Sex
4	Paper Trails	Darkside
5	Running (Feeling Wild)	Voice Of Authority
6	Better Things	Massive Attack
7	Don't Stop No Sleep	Radio Slave
8	Because	Smerz
9	Gravity (prod. by River Tiber and KAYTRANADA)	River Tiber
10	Journey in Satchidananda	Alice Coltrane
11	New York Herald Tribune	Breathless (Soundtrack)
12	Stop	Herbert
13	Bent (Roi's song)	Diiv
14	Yours To Keep	Blue Hawaii
15	Castalia	Yellow Magic Orchestra
16	1-100 (2004 Remaster)	Michael Nyman

※上記トラックリストはinstigator official site（http://instigator.jp）でお楽しみいただけます。

XL

この本を読んでくれたみなさんへ

5組の扇動者〈instigator〉による特別講義は、いかがでしたか？「未来」の「仕事」について考えるための、多くのヒントがあったのではないかと思います。ここでは僕からの感想と、楽屋裏エピソードを紹介していきますね。

まずはももいろクローバーZのメンバーと、マネージャーの川上アキラさん。頂点を極めたと言っても過言ではないスーパーアイドルですが、何げない会話からも、人柄の良さ、仲の良さ、そして厳しさと努力の跡が伝わったのではないでしょうか。トップに立つにはやはり、スタッフに愛され、みんなが応援したくなるような性格が重要なんだと、深く納得しました。川上さんから「控室ではひどい」発言もありましたが、控室でも全く変わらないテンションでしたよ。

ライブが盛り上がりすぎて時間が押してしまい、恒例の質問コーナーが入らなかったのですが、こんなにがんばっている同世代がいる、と刺激を与えてくれた、素晴らしい回だったと思います。

小山薫堂さんとは何度か仕事もご一緒させてもらっていますが、「なんでも企画にしてしまう、ずっと考え続けている人なんだ」ということを、改めて思い知りました。「アイディア」や「企画力」というと、何か特別なスキルが必要のように語られがちです。でも実際は、目の前にあるすべてのものが、発想のヒントになる。何かを面白がることが、そのまま仕事にもつながっていく。小山さんが語ってくれたエピソードの数々が、何よりのお手本となったのではないでしょうか。

なお、2015年6月に「湯道」が拓かれたことを、ここに報告しておきますね。

真鍋大度さんは、ひたすらアップデートを続ける姿勢が印象的でした。少年のままの好奇心と桁外れの集中力を持った「完成せずに進化を続ける人」というイメージ。当日も「今日発表されたソフトを使ってみたい」と言って、リハーサル中にオンラインで使い方を確認されていたんですよ。

真鍋さんの回は実演もあり、いくつもの映像を見せてもらったため「instigator」最長の講義時間となりました。それでも講義後の学生アンケートで「もっと見ていたかった」というコメントが多かったことも印象に残っています。

EXILE HIROさんの回は、いい意味で予想を裏切られました。ご自身もパフォーマーとして活躍しつつ、EXILEとそのファミリーであるEXILE TRIBEを率いるプロデューサーであり、音楽業界以外の事業を展開する実業家でもあります。圧倒的な地位を築いているスターでありながら、びっくりするくらいに謙虚で、サービス精神の旺盛な方であることは、読んでくれたみなさんもおわかりになったのではないでしょうか。

ディスコ店員から一躍ミリオンセラーグループのメンバーとなり、挫折を味わい。路上やモールでのライブから再ブレイクを果たしたＨＩＲＯさんならではの、世間と自分とを冷静に眺める眼差しが、現在の栄華の糧となっていることは、想像に難くありません。

大根仁さんは特別講義の終了後、なんと個人的に質問コーナーを延長してくださいました。「時間がなくて質問できなかった人、どうぞ〜」との呼び掛けに、30人以上の学生が行列。１時間くらいかけてフレンドリーに、ひとりひとりの質問に答えてくれたんです。学生時代の花屋さんでのアルバイト経験が現在の仕事に生きている、というお話も、学生たちには身近に感じられたのではないでしょうか。

そんな大根さんも、30代前半までは自分のやりたい方向性を模索していたのだとか。近年の作品を嬉々と紹介する姿からは、想像がつきませんでしたね。

書籍化にあたり、ゲストのみなさんにお尋ねしている「10年後」を、自分にも問いかけてみました。いま50歳の僕が、60歳になっている２０２７年。まだ先のようでいて、あっという間な気もします。ハッキリとしたビジョンがあるわけではありませんが、いまが充実しているからこそ、精度を上げて走り続けたい、というのが正直な気持ちでしょうか。

2011年12月に「instigator」#001を開催してから、気付けば5年以上が過ぎていました。誰かから頼まれたわけでもなく、手探りで始めた私設の特別講義。いま自分自身が、やっていて本当によかったと実感しています。ゲストのみなさんや学生たちから受ける刺激が、そのまま、自分が走り続けるためのモチベーションにもなっているからです。

事前の打ち合わせから当日の講義まで、貴重な時間を割いて学生たちに本気で語り掛けてくれた5組の扇動者のみなさん、改めて、ありがとうございました。イベントに携わってくれた制作チーム、運営を手伝ってくれたゼミ生のみんなにも、心からの感謝を。

そして、この本を読んでくれたみなさん、どうもありがとうございました。この本が、あなたにとって大切な何かと出会うきっかけのひとつとなれたなら、こんなに嬉しいことはありません。

次回の特別講義で、またお会いできますように。

2017年4月
武蔵野美術大学 空間演出デザイン学科 教授　片山正通

instigator

Music
大沢伸一／畠山敏美（avex management Inc.）

Photo
神藤剛／鈴木心

Movie
#012〜#015
ディレクター：尾野慎太郎
カメラマン：尾野慎太郎／大田晃／加藤恭久／古屋桃与

#011
ディレクター：谷聰志
カメラマン：谷聰志／田中和彦／藤岡大輔／安田光／山田真也
中尾浩嗣

Lighting
前川賀世子／長晃由／福田和弘／中村匡孝／神山啓介／中野洋幸

Graphic
近藤朋幸

instigator運営スタッフ

Wonderwall：
久下秋穂／清水由美子／大野晃義／川瀬麻美子

武蔵野美術大学 空間演出デザイン学科 研究室：
長谷川依与／北川陽史／深谷美里／大野洋平／国沢知海
開田ひかり／松田瑞季／川端将吾／渡慶次賀邦／小林峻也
洲崎由彩／冨樫まなみ／西勇太／高澤聡美／村田福実子

武蔵野美術大学 空間演出デザイン学科 片山ゼミ 第三期生：
荒井あすか／大屋かおり／木本梨絵／熊谷晃希／小糸芳奈
中村駿太／古木奈々／細野夏美／丸山未来／安井俊介
吉田健太郎

武蔵野美術大学 空間演出デザイン学科 片山ゼミ 第四期生：
浅川沙希／荒井翠／磯山依里／岩瀬結香里／加川温子／清川昇
坂場史章／シュエ・ダンニ／鈴木皓子／髙橋佳子／谷永真梨
中尾早希／茂木綾音／森岡万智／山岸万希子／吉田恵
和田沙綾

武蔵野美術大学 空間演出デザイン学科 片山ゼミ 第五期生：
阿部陽代／伊藤千加子／飯嶋里佳／上羽未夕／浦本佳代
柏木兼介／亀田光市／小泉裕太郎／笹島夕希／塩足月和子
白石安祐美／菅沼美希／杉浦誠／高野まみこ／田中湧二郎
平林由莉／古川有紀／森川ひかり／矢吹央士朗／山口亜紗美
横倉清恵／喚田千夏

Special Thanks

LOOPWHEELER
CASSINA IXC.Ltd
Wonderwall

武蔵野美術大学 空間演出デザイン学科 教授：
堀尾幸男／小竹信節／太田雅公／五十嵐久枝／小泉誠
鈴木康広／天野勝／パトリック・ライアン／津村耕佑

企画&ホスト：
武蔵野美術大学 空間演出デザイン学科 教授
片山正通

片山正通（かたやま まさみち）

インテリアデザイナー

株式会社ワンダーウォール 代表
武蔵野美術大学 空間演出デザイン学科 教授

1966年岡山県生まれ。2000年に株式会社ワンダーウォールを設立。コンセプトを具現化する際の自由な発想と、伝統や様式に敬意を払いつつ現代的要素を取り入れるバランス感覚が、国際的に高く評価されている。

ユニクロ グローバル旗艦店（NY、パリ、銀座、上海他）、INTERSECT BY LEXUS（青山、ドバイ、予定：NY）、THE BANK（鎌倉）、NIKE原宿、PASS THE BATON（丸の内、表参道、京都祇園）、YOYOGI VILLAGE/code kurkku、THOM BROWNE. NEW YORK AOYAMA、ザ リッツ カールトン香港OZONE、colette（パリ）、Samsung 837（NY）、UNITED ARROWS（六本木）、PIERRE HERMÉ PARIS Aoyamaなど、ヨーロッパ、北米、オセアニア、アジア、中東における多彩なプロジェクトを手がける。2009年11月NHK総合『プロフェッショナル 仕事の流儀』に出演。2016年8月にはドイツの出版社Die Gestalten Verlagから作品集『Wonderwall Case Studies』が刊行された。現在、世界的に最も注目を集めるインテリアデザイナーの一人である。

2011年4月より武蔵野美術大学 空間演出デザイン学科 教授。次世代のインテリアデザイナー育成に注力する一方で、全学生に向けた特別講義「instigator」の企画・運営を行う。様々なジャンルのトップクリエイターをゲストに迎えた講義は学内外で話題となり、番外編Spinout Editionまで発生。2017年3月時点で開催18回目を数える、人気の特別講義となっている。

instigator official site　http://instigator.jp
武蔵野美術大学 空間演出デザイン学科　http://kuude.musabi.ac.jp
ワンダーウォール　http://www.wonder-wall.com

wonderwall.katayama
Wonderwall_MK
masamichi_katayama

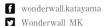

片山正通教授の

「未来」の「仕事」のつくり方

著者　片山正通

発行　2017年4月6日 第1刷発行

イラスト　竹田嘉文
写真　神藤剛／鈴木心

ブックデザイン　近藤朋幸

編集　藤崎美穂
　　　奥村健一（Casa BRUTUS）

発行人　石﨑孟
編集人　松原亨
発行所　株式会社マガジンハウス
〒104-8003　東京都中央区銀座3-13-10
受注センター　☎049・275・1811
カーサ ブルータス編集部　☎03・3545・7120
印刷製本　凸版印刷株式会社

©Masamichi Katayama, 2017
Printed in Japan
ISBN978-4-8387-2923-4 C0095

乱丁本・落丁本は購入書店明記のうえ、小社制作管理部宛にお送りください。送料小社負担にてお取り替えいたします。但し、古書店などで購入されたものについてはお取り替えできません。

本書の無断複製（コピー、スキャン、デジタル化等）は禁じられています。（但し、著作権法上での例外は除く）断りなくスキャンやデジタル化することは著作権法違反に問われる可能性があります。

定価は裏表紙に表示してあります。


マガジンハウスのホームページ　http://magazineworld.jp/